CEO
社会

警惕CEO崇拜
对经济、政治和生活的绑架

[英]彼得·布鲁姆（PETER BLOOM）
[澳]卡尔·罗兹（CARL RHODES） 著

程茹佳、黄秋菊 译

ZHEJIANG UNIVERSITY PRESS
浙江大学出版社

图书在版编目（CIP）数据

CEO社会 / （英）彼得·布鲁姆，（澳）卡尔·罗兹著；程茹佳，黄秋菊译. — 杭州：浙江大学出版社，2021.4
书名原文：CEO Society:The Corporate Takeover of Everyday Life
ISBN 978-7-308-21184-0

Ⅰ. ①C… Ⅱ. ①彼… ②卡… ③程… ④黄… Ⅲ. ①企业领导学 Ⅳ. ①F272.91

中国版本图书馆CIP数据核字（2021）第052485号

CEO Society:The Corporate Takeover of Everyday Life
Copyright©2018 by Peter Bloom and Carl Rhodes.All Rights Reserved.
Published in English by Zed Books,London
Simplified Chinese rights arranged through Red Rock Literary Agency and
CA-LINK International LLC(www.ca-link.cn)

浙江省版权局著作权登记图字：11-2021-053

CEO社会

（英）彼得·布鲁姆　（澳）卡尔·罗兹　著

责任编辑	顾　翔
责任校对	张培洁
封面设计	VIOLET
出版发行	浙江大学出版社
	（杭州市天目山路148号　邮政编码310007）
	（网址：http://www.zjupress.com）
排　版	杭州朝曦图文设计有限公司
印　刷	杭州钱江彩色印务有限公司
开　本	880mm×1230mm　1/32
印　张	7.25
字　数	148千
版 印 次	2021年4月第1版　2021年4月第1次印刷
书　号	ISBN 978-7-308-21184-0
定　价	59.00元

目　录

CONTENTS

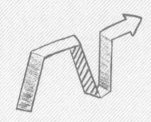

引　言

救星CEO带来的威胁与希望

2016年11月9日，面对政界新情况，全世界都震惊了。出乎所有人的意料，唐纳德·特朗普当选为美国总统，他的胜选让整个世界错愕。对一部分人来说，他们欢欣雀跃，认为这给腐败的经济和政治体系来了当头一棒，然而对其他人而言，他们害怕这是种族歧视、性别歧视、仇外主义及独裁主义的抬头。几乎所有人都认可的是，自由民主和资本主义充满了不确定性，而它们从获得不容置疑的地位到今天也才仅仅十来年。其实，在竞选总统的过程中，质疑美国现状的不止特朗普一个。尽管选举失利，民主社会主义者伯尼·桑德斯的参选本身对很多人而言就是一次备受欢迎的进步，这是反体系的草根力量注入根深蒂固的美国寡头与精英政体的体现。

　　这些事件都不是凭空发生的，它们标志着民粹主义对新自由主义及自由市场在欧洲和美国的正统地位发起的攻击越来越猛烈，甚至达到了一个制高点。2015年前后，曾经的国际秩序的基石——欧

洲——发生政治大地震,左派卷土重来,希腊激进左翼联盟崛起,西班牙极左翼政党"我们可以"党(Podemos)抬头,英国"动力"党(Momentum)兴起,这些都直接挑战财政紧缩等主流政策。右派方面,2016年英国举行公投退出欧盟,表明反移民与支持贸易保护主义的民族主义保守派复兴。尽管基本思想不同,但这些政治活动都源于对企业全球化的批判。

或许,这一系列事件让我们体会到人们对经济的焦虑。上至政客、决策制定者,下至普通老百姓,无论他们的政治倾向是偏左还是偏右,他们无一不意识到失控的新自由主义的危险。特朗普在这种情况下受到追捧,更是让人心生恐怖。奇怪的是,尽管社会各界都质疑自由市场全球化,成千上万的美国人却把选票投给了这位招摇的超级富豪CEO,让他当选总统。

一般来说,即使在资本主义有史以来最危险的时刻,人们仍然幻想着企业高管(即使是那些多次破产的经理人)是干实事的中坚力量。讽刺的是,企业高管这一资本主义的化身——经济危机、政治腐败、环境破坏的罪魁祸首——居然被追捧,被认为会为改变现状而殚精竭虑。所以有人会问,企业高管这种无论是从道德还是伦理层面来讲都应该被永久开除的人,为何其英勇形象却日渐深入人心呢?

正邪 CEO

CEO 是当代社会最引人注意、最矛盾的形象，同时也是最著名的群体之一。新生代 CEO 如脸书 CEO 马克·扎克伯格和特斯拉 CEO 埃隆·马斯克，同去世的苹果前 CEO 史蒂夫·乔布斯及美体小铺前 CEO 安妮塔·罗迪克等商界领袖一样，成为大众羡慕和仰望的对象。然而，每个人观点不同，加上政治派别以及新闻媒体的瞬息万变，任何 CEO 都可能被敬仰，抑或是被唾弃。他们可能同时被描绘成空想主义者和现实主义者，既是道德楷模又是道德反面教材，既是慷慨的慈善家又是自私的收藏者，既是成功的关键又是成功的绊脚石。因此，人们对他们的态度是又爱又恨，既认为他们是当今世界的威胁，又认为他们是救世主。

我们该如何理解这种矛盾的现代人物呢？为什么人们总是一次次地坚信 CEO 具有美德呢？简单描述一下这些商界领导履行的职能会得到一种解释：正是他们带领企业推动了全球市场经济的发展。但是这样简单粗暴的解释无法捕捉到当今时代 CEO 所具备的吸引力和权力，也无法揭示 CEO 们是如何借用这种吸引力避开外界对他们的指控的——人们指控他们通过牺牲他人获得特权，他们是精英富人阶级的代表。CEO 究竟是如何成为 21 世纪最杰出的偶像之一的？他们的名字往往家喻户晓，这是为什么？对许多人而言，CEO 是伟大的先知，是行动力最强的英雄，他们不仅经营企业、赚取利润，还被定

位为全球财富的主要生产者。

人们对 CEO 群体的崇拜很令人惊讶吗？当今时代，不平等现象日益严重，企业高管日进斗金，人们满怀抱负地仰望这些明显的社会赢家似乎是一件很正常的事。受企业资助的媒体对 CEO 们很友好，它们把版面留给 CEO，宣扬 CEO 们的价值观，而人们的景仰肯定了这种做法。丰厚的经济回报、社会的赞扬，CEO 们拥有的一切看起来好像是受之无愧的，好像他们每个人都历尽艰难，全凭一己之力获得了今日的辉煌，而冠军本来就应该获得奖杯。这样的报道让人以为 CEO 们是通过某种商业版的达尔文自然选择学说走上了社会金字塔的顶端，如此一来，CEO 们就成了登上社会等级阶梯顶端的最高资本主义者，同世界上的统治者们一起，坐在自己正当的位子上。

对 CEO 的这种描述无疑已经渗透到普通老百姓心中，影响了他们的判断。这种影响在一些国家尤为明显，因为这些国家将新自由主义与自由民主及全球资本主义相结合，从而形成了当今的世界秩序。

但是，关于 CEO，也有不同版本的故事。如有的商业领导被认为是 2008 年金融危机的始作俑者，有的因各种企业丑闻而饱受争议，例如 2010 年英国石油公司墨西哥湾漏油事件、2015 年大众尾气丑闻、2016 年埃克森美孚在气候变化方面引起的争议等。这些 CEO 们的故事更为精彩，媒体对故事的描述所用的也不是常见的褒扬口吻，而是认为这些被定位为人类最伟大的英雄的 CEO 们应该被拉下神坛，贬为最让人惧怕的坏蛋。尽管 CEO 们可能被称赞为创造价值的创新先锋，但他们也可能被刻画成精神病患及寄生虫。如果是后者，人们面临的问题就不再是 CEO 们如何拯救经济了，而是如何从 CEO 们贪婪的魔掌下拯救我们的社会和经济。

尽管饱受诟病，屡遭挫折，CEO 们仍然不断被塑造为资本主义美德的具体化身，即使他们一手造成那么多灾难，他们仍然被大众认为是实现社会和经济进步必不可少的力量。人们有一种定向思维，即认为 CEO 的高瞻远瞩、超乎常人的行动能力及成就将拯救世界，推动世界持续发展，他们希望 CEO 不仅能够保卫企业，还能保护富有阶级，带领他们走向更辉煌、道德感更强的资本主义未来。CEO 们增加就业、刺激创新，他们的贡献远不受沉闷的会议室抑或舒适的总统套房的限制。由这种观点看来，CEO 们才是能够探索出对抗气候变化的机智方法的人，只有他们才能砍掉令人心力交瘁的繁文缛节，平衡经济增长与责任的关系。如果说老一辈的 CEO 是他们所在企业的救星，那么说当今的 CEO 身负拯救人类和全世界的重任也不为过。CEO 们是否已经成为拯救世界最后和最大的希望呢？对一些人而言，答案是响亮的"是的"！

CEO 力挽狂澜

对许多人来说,CEO 是当今时代具有号召力的英雄,人们将 CEO 神化,就像曾经神化皇室贵胄那样。例如,亨利·福特的雕像巍然矗立在底特律亨利·福特美国创新博物馆,雕像英气逼人,像个政治家一样;1994 年,澳大利亚政府在 20 澳元钞票上印制了 19 世纪商业女性玛丽·莱蓓的画像;英国女王也给商界杰出人士颁发荣誉,最高可授予骑士勋章。很多人崇拜 CEO,被他们的天赋和能力所折服,于是 CEO 成了动力、智慧和奉献完美结合的象征,他们不再仅仅是企业人员,更是被所有人羡慕的榜样。

人们不仅仰慕 CEO,还努力模仿 CEO,这反映了市场理性在社会层面的沉淀。市场理性主张人类的智慧与热情必须被用于赢得社会、政治、经济和生活的游戏,而当今的普遍现象是,人们已经沦落为生存与财富方面互相竞争的对手。美好的生活似乎只属于那些非富即贵的群体,人们认为 CEO 能够给予他们实现梦想所需的金钱与权力,他们唯一要做的就是为赢得游戏而不择手段,只有那样才能最终获得胜利,得到幸福。

"我来过,我见过,我得利过"这种思维只是 CEO 魅力的冰山一角,他们迷人的地方不仅在于让人们渴望成为一名真正的 CEO,还在于给人们灌输一种强烈的愿望,让各行各业的人为获得成功而学习

CEO 的技能与思维。有了这种追求，人们便能祈祷提高自身生产力，找到实现梦想的捷径。他们以为 CEO 掌握了某种不为人知的秘诀，不仅知道如何生存，还懂得如何在极其复杂的现代社会里飞黄腾达。当然，不是所有人都能达到成为真正的 CEO 的高度，但每个人都可以通过努力获得成功，成为自己人生的"CEO"。

CEO 社会的崛起是本书的主题。CEO 社会是几十年来新自由主义政治与经济改革的产物，不局限于管理层面，也不只是将企业管理实践用于非企业组织。它所蕴含的价值观已经在文化层面与 CEO 紧密联系在一起，并被应用于人类生活的方方面面。CEO 社会反民主，极具个人主义，推崇手段、果决、竞争、盈利、效率和效果。

人们罔顾初衷与自身的价值观，将 CEO 的管理智慧吹捧为获得成功的基础，更麻烦的是，人们将这种智慧视为解决全球自由市场结构性问题的根本药方。人们认为，无论是为了自己，还是为了社会，他们都应该像 CEO 一样。CEO 社会是一个不平等的社会，人们以成败论英雄，但这种评判标准却占据道德制高点。

在 CEO 社会中，CEO 不仅是一份精英职位，还代表一种看事、处事的生活方式，可以被不同的文化、阶层和个人情况所接纳。如果你想升职，CEO 的智慧可以教会你如何在职场风生水起。你可以拜读澳大利亚会计师公会前 CEO 亚历克斯·莫利的作品，他 2015 年的畅

销书《没有不挫折的人生》(*The Naked CEO*)一定会告诉你"如何成长为成功 CEO"。尽管 2017 年时任 CEO 的莫利被解雇,并面临霸凌和财政管理不善等一系列指控,但这不是重点,不必介意。如果你想要一个更好的社会环境,你可以按照 CEO 的方式去营造一个销路畅通又利润丰厚的社会正义品牌。的确,如今捐钱做善事都被期望能给捐赠人带来经济回报,过去 10 年来,企业连做慈善的方式都发生了改变。

如果你希望获得一份精彩的爱情,可以通过应用 CEO 的方法来得到梦中女孩的芳心。孤单寂寞的你要做的就是听取尼娜·阿特伍德的建议,"像个 CEO 一样约会",如果这还不够,那就深入探究以 CEO 为主人公的爱情小说,比如米兰达·查尔斯的《揭下面具的 CEO》(*The Unmasked CEO*)或安娜·德帕洛的《与 CEO 再生情缘》(*Second Chance with the CEO*),一听名字就知道这些书里有好故事。面对生活中的困难,基督教徒常说的一条格言就是"如果是耶稣,他会怎么做",而如今,人们或许要想象一下"如果是 CEO,他会怎么做"。据说,这个问题的答案能让你过上一种原本不可企及的生活。

但是,执着于学习 CEO 会危害社会,给社会带来深远的影响。CEO 社会排斥其他理念,宣扬竞争、手段和剥削,倡导包容、正义、合作、深思、平等以及集体转型等原则,将人类生存简单归纳为一套市场公式,由个人不惜一切代价渴望成功的愿望所推动。另外,CEO 社会还给人一种个体可以拥有强大权力的美好愿望,而这种幻影只会加深人们的无力感,进而使人们任由始作俑者摆布。不批判、不质疑、不推翻这种现状必将导致社会堕落、道德破产。

也许本书看起来像是在说CEO社会已经成为主流,且我们没有反抗CEO主宰我们的社会与生活。但实际上并不是这样的,此类过度解读远非我们的初衷。

例如,2008年的金融危机尤为深刻地挑战了当代CEO的权力与影响力。2016年,在被视为自由市场革命的现代堡垒的美国,不走寻常路的伯尼·桑德斯竞选总统,这本身对一度被奉为圭臬的企业领导力而言就是威胁。伯尼·桑德斯相当温和的社会民主政策背后,是一股推动变革的深刻的革命力量,直接打击企业高管们的经济价值,动摇其优越地位,这是CEO价值观在全世界范围内可能发生根本性转变的征兆。但是要想进一步实现这种变革,就要进一步挖掘,批判性地理解为什么在破坏政治和经济的铁证面前,CEO们仍然具有吸引力。

本书章节概要

CEO社会越来越成为当代生活的主要特点,因此本书将批判性地介绍其发展。第一章指出,自20世纪80年代以来,CEO社会已经

通过新自由主义的政治与经济原则崛起,本书由此介绍 CEO 社会的现象。我们不只把 CEO 当作一个企业高管的职位,还把它当作一种社会理念,当然,是一种危险的理念。我们所看到的是,商业领导是如何被大众认可为对抗生活的合适人选,又是如何帮他们解决一系列问题的,这些问题包括自由追求个人利益、实现个人目标的动力、决心、道义、独立、坚韧、魅力等,通俗来讲,就是关于如何做老板的问题。正是他们与这种社会理念之间的关系使得 CEO 能够跻身时代英雄之列,成为他人可望而不可即的权力与权威的化身。

第二章深入探究既被神化又被妖魔化的 CEO 是如何崛起的。本章从历史角度高度概括了 CEO 这一公众人物群体。以安德鲁·卡内基与约翰·洛克菲勒为代表的 19 世纪商业巨擘成长为战后技术官僚,20 世纪 80 年代的保守革命美化了商界成功人士与迷人的资本家,同时,他们也因企业丑闻与灾难性事件而备受指责。进入 21 世纪后,人们对 CEO 的迷恋进一步弘扬了 CEO 文化,这种迷恋至今仍然保护着 CEO,避免其被视为创造不平等的剥削者。一直以来,理查德·布兰森及沃伦·巴菲特等知名人士备受景仰,如今他们更成了榜样,只要有心,他们说过的话可以被运用于生活的方方面面。因此,我们目睹了 CEO 社会的诞生,这个社会的主要构成便是那些随时随地准备好宣扬 CEO 的价值观与法则的人。

第三章审视了 CEO 社会的影响,尤其是在经济领域的影响。本章探讨我们的日常工作是如何被强调竞争、输赢与个人主义的商业道德观所影响的。商业组织也好，社会团体也罢，大学院校乃至公共服务部门，不管是什么组织，其各级员工都被哄骗着成为迷你CEO，寻求并瞄准各种有利可图的机会，以获得最大的回报。这种思维还延伸到员工彼此之间的关系上，因为现代社会的思潮是尽一切可能去超过你的同事。此外，所有人还都必须成为自己职业生涯的CEO，充分发挥主观能动性和工作经验，提高自身的雇用价值与盈利能力。这样的市场理念涉及方方面面，但这种理念本身就是一种幻想，给当前的劳动阶层带来了新的焦虑，也掩盖了劳动力不稳定的深层结构性问题，掩盖了工人权利被侵蚀以及劳动力市场压力日益增大等问题。随着每个人都被标榜为某种CEO，成功的责任就被压在个人身上，而真正享有企业高管特权的人只是极少数。

　　第四章研究CEO社会对当代政治的影响。自20世纪70年代以来，随着企业政治游说的扩张，CEO开始对政治产生决定性的影响，但如今，商业与政治的关系更加错综复杂。商业领导以候选人身份更加直接地进入政坛，媒体也宣传他们的商业能力，即使这种商业能力没有被包装为政治必备才能，那也是政治加分项。如果具备MBA的学术背景，再加上有担任某企业董事的经历，那么这个候选人就会被视为有能力引领一个国家在激烈的全球市场竞争中脱颖而出的人物。从古到今的CEO政客们，如美国总统唐纳德·特朗普，澳大利亚前总理马尔科姆·特恩布尔，以及意大利前总理西尔维奥·贝卢斯科

尼等，他们的商界经历都是他们政界能力的认证，至少是一个短暂的光环，使人们认为他们有魄力及能力为国家实现生产力及财政能力的提升而做出艰难抉择。如今，企业政治正在崛起，其商业价值有可能让其民主价值黯然失色。

第五章将注意力从政经主流活动转移到探究当代社会，尤其是2008年全球金融危机前夕，一个好人所应该具备的理想上。一直以来，人们将工作与个人生活分开，一个人既可以是办公室里手起刀落的CEO，回到家以后又可以是一个舐犊情深的家长，在公司雷厉风行，闲暇时却云淡风轻。当然，现实生活中的反差并没有这么大，因为工作压力多多少少都会渗透到家庭生活中，家庭琐事反过来也会影响一个人的职业发展。但是，人们普遍认为在工作与生活这两个领域应具备的品质，如果不是不可调和的话，那也是相去甚远。进入21世纪以来，"成为人生的CEO"这样的理念已经延伸到日常生活中，这对人们的工作与生活都具有深远影响，因为人性已经被求胜心切的个人主义重铸，而真正的CEO赢家即使严重损害了他人利益，也能安然无恙。

CEO社会的触角还伸向了慈善事业，这正是第六章探讨的主题。本章强调，CEO社会通常以企业社会责任的名义，具体来讲是以慈善的名义，将触角延伸到公共用品的供给领域。本章尤其关注被称为"慈善资本主义"的这一新趋势，即由著名CEO领导的超级富豪们承诺将他们的个人财富通过比尔·盖茨与沃伦·巴菲特共同发起的"捐赠的誓言"(The Giving Pledge)捐献出去,用于慈善事业。和其他具备典型CEO风格的活动一样,这明眼可见的无私慷慨背后必有深意,因为单纯给予这样的解释太天真、太不足信了。本章揭示了大型慈善与社会责任项目是如何强化CEO社会的。在CEO社会里,财富与权力集中在少数人手中,慷慨与慈善等理念在这个社会里被CEO按照自身的模子来操控,在这个模子里,个人利益最终将比慷慨更有特权。

　　第七章通过探索CEO社会如何成为共赢经济价值观、政治理想与人际关系的威胁,衡量了CEO社会带来的令人忧心的成本与影响,评估了CEO社会对人们所憧憬的美好世界所构成的危险。这种危险其实是竞争、人际剥削以及受市场驱动的社会进步和文化参与,它们不仅占据了主流地位,还被视为美德,有可能会篡夺我们所珍视的一系列价值观念,如公平、民主、社会正义、人文关怀与可持续发展。CEO社会的发展是以高昂的个人与集体成本为代价的,所以很显然,CEO价值观里的"坏信仰"将剥夺我们的憧憬——一种尽个人能力,一起改变生活与社会的憧憬。

　　本书以探讨CEO社会的高昂成本结尾,这也就提出了一个问题,即如果过分笃信CEO及其行事方式,认为其能够为社会、政治及经济发展提供一条稳操胜券的途径,那我们将付出何种代价?本书给出

的答案是,要想构建一个公平、平等、民主的未来社会,我们绝不能指望马克·扎克伯格、比尔·盖茨这一类人,尽管他们可能帮着改变世界,让世界更具竞争力,使财富分配更加不均,但并不意味着这就是最后的定局。本书结尾之际向人们发出最后的危险警告:不要再在CEO 的圣坛前顶礼膜拜了。我们希望这一警告能够引领我们找到一个替代 CEO 社会的更好选择。

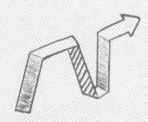

第 一 章

欢迎来到 CEO 社会

奥利弗·斯通的荧幕巨制《华尔街》(*Wall Street*)中最出名的一幕便是戈登·盖柯在泰尔德纸业的股东大会上发表演讲。他梳着个大背头,目光如炬,眉头半蹙,像布道一般讲述商业的运作规则:"我不是企业的毁灭者,相反,我是它们的救星。"对盖柯而言,残酷的竞争正是财富与自由的源泉。然后,盖柯说出了这部电影中最经典的台词:"女士们、先生们,我要说的是,贪婪是好事。"他提出的这个信念和价值观所倡导的是,人类的繁荣,无论是哪方面,都源于追逐私利的个人主义者的贪得无厌。简单来说,世界进步的唯一途径是要允许赢家通吃,剩下的人则艳羡他们的成功,渴望成为他们那样的人。

30年后再回顾这部电影会让人觉得它好像是在记录正值青春期、马上会迎来残酷的成人期的新自由主义。如果我们相信生活是对艺术的模仿,那我们现在所模仿的艺术可以说是有百害而无一利。这部电影表现了一个唯利是图的世界,只要有利可图,一切行为皆可

被接受。当时我们很难想象这个将成长为地球村的成人世界是多么的穷凶极恶,难以想象不平等鸿沟日益加大,可持续发展无从谈起,甚至还面临生态浩劫的威胁。如今,这一切已经不难想见。盖柯所代表的企业精神无孔不入,正如当代政治理论家温迪·布朗所言,即使是学习、约会或锻炼等这些不产生财富的领域,如今也被市场用语解读,受市场标准衡量,遭市场方法管理。布朗认为:

> 无论是个人还是企业,高校还是政府,饭店还是杂志社,所有市场参与者都更关心它们的投机价值,关心影响它们未来价值的评级或排名,而不是眼下的价值,所有人都需要通过自我投资来提高当下和未来的价值,从而吸引投资者。金融市场行为要求每个人都要提高或者维持自身的评级,无论是通过博客点击量、转发率,点评网站 Yelp 上的星级,还是大学排名,抑或穆迪债券评级等途径。

即使发生了灾难性的金融危机,而且表明华尔街的商业领导们给社会带来的灾害远多于贡献的证据多如牛毛,但是他们对竞争、效率和盈利的讴歌依然大行其道,以至于 CEO 成为典型的时代英雄。

盖柯说出那句著名的"贪婪是好事"的台词后,他紧接着所说的内容于本书所探讨的主题而言具有先导意义,正是在那时,他扩大了所谓的"贪婪"的道德价值的范围。他坚信,贪婪所带来的"人类进步浪潮"不局限于商界,他最后说,"你记住我说的话,贪婪不仅会拯救泰尔德纸业,还会救美国这个运转不良的大企业于水火之中"。人群中爆发出雷鸣般的掌声。奥利弗·斯通通过盖柯口中"务实且具有道义的竞争力"所指出的,或者说所预示的,在新自由主义背景下,企业是如何成为人类社会各个方面乃至民主政府的理想模式的。斯通认为企业贪婪是理想未来的反乌托邦形象,再看20世纪第二个10年末,这种想法似乎已经开花结果了,因为企业不仅在规模和全球影响力方面进行了大规模扩张,而且已经形成了无与伦比的组织模式。

如今,由于新自由主义的发展,企业管理主义成为社会的主流价值观。我们可以将新自由主义理解为以市场为导向的价值观在人类生活各个领域的延伸。伴随新自由主义而来的是管理主义,即市场化组织的管理被确立为管理所有类型组织的首选方式。如今的社会,只要将相关人士视为利益攸关方,把相关事务视为商业,那么人类的一切行为都可被等同于企业行为。在古代曾被视为与商业相对立的企业文化、语言以及实践,如今也都在商界站稳了脚跟。例如,在大学里,学生被当作顾客,课程被当作产品,院校的成功取决于组织策略、市场对手、竞争定位以及品牌效应,高校用学生的钱包填满自己的小金库。尽管这种模式得到广泛支持,但并不是所有人都认可。2014年为期一周的国际学生运动(ISM)在全球范围内展开,其口号为"我们是学生,不是客户",目的就是抗议高校商业化,提倡传播自由教育价值观。

邮局、地方政府、未被私有化的图书馆等公共服务领域的管理也未能幸免于被商业化的命运。企业管理方法之所以能上位，是受一种对进步的解释的支持，这种解释认为企业管理方法具备优越性与必然性的双重特质。非营利组织、民间组织、慈善机构、教会与社区组织同样没能逃过商业化模式。而这些都为企业管理主义占据统治地位推波助澜。企业管理主义主张，经济与社会的运行方式应当"反映企业被管理的方式"。

对 CEO 及其处事方式的狂热推崇似乎没有上限，美国一位特立独行的高管教练拉里·朱利安甚至宣称"上帝就是我的 CEO"。他以这条宣言为名出版了《上帝就是我的 CEO》（God Is My CEO）一书，在书中，他将他的基督教神明搬到了办公室里，认为遵守他的信仰原则并成为神指认的领导，可以给追随者带来实实在在的好处，比如财富的积累、销量的增加、成本的减少以及生产力的提升，等等。朱利安笔下的基督教上帝可不是将商人驱逐出教堂的那位，而是一个现代版本，是一名站在讲道坛上传授商业之道的神圣 CEO，他新官上任，成了神学三位一体的核心。CEO 狂热现象遍布世界各个角落，有些学校外面的海报上赫然打着"给我们一个孩子，我们还给你一个未来的领袖"的口号——这显然是耶稣的"给我一个男孩，还你一个男子汉"的口号的现代企业版。

这一趋势也以这样或那样的方式影响了新的就业模式，给当下的就业市场当头一棒。从前，所谓的"零工经济"的风险是由实力雄厚的企业承担的，如今被无缝转嫁给个体户了。找不到工作怎么办？那就成立一家公司自己当老板啊！随着人们撕毁劳动合同转而签署商业合同，一人型小微企业应运而生，人们不再为做临时工不稳定而苦恼，因为可以摇身一变，自己当老板。如果再有人一贫如洗，露宿街头，那就是他自己的问题了，因为他大可以自立门户，贩卖《大志》（*The Big Issue*）杂志博得人们的怜悯，再挣点零钱。个体私人教练、兼职优步司机或者家政保洁，这些都被视为赚钱的迷你型CEO。随着创新创业被追捧为创造财富的一条途径，人们开始赶潮流成立公司，于是人性便存在于商业头脑与唯利是图之间的某一点上。

企业被视为人类行为的典范，这一转变与新自由主义的两大信条相呼应：市场效率和个人主义。正如社会学家迈克尔·彼得斯所言，相比平等，新自由主义思潮更重视自由，这里所说的自由是一种特殊形式的自由，即对于个人和公司来说，这是一种不受政府干涉的自由，这样他们在追求自身利益时，就会逐渐减少自身所受到的规章制度的约束。如此一来，市场机制带来的解放可以提高效率，而具有竞争性和占有性的个人主义可以将这种效率变现。正是这种思想让戈登·盖柯高唱"贪婪是好事"的赞歌：对自身利益的不懈追求和实现个人欲望的无限动力，不仅是经济繁荣的基础，也是道德本身的基础。相较于由18世纪经济学家和哲学家亚当·斯密提出的原创观点，

从某种程度上来讲,盖柯的观点是对斯密观点的一种狭隘解释。斯密在1776年如是说:

> 屠夫、酿酒家或烙面师供给我们每天所需的食物和饮料,不是出于恩惠,而是因为他们自利的打算。我们不说唤起别人利他心的话,而改说唤起别人利己心的话。就算我们自己有需要,也要说这样做对他们有利。
>
> 在社会上,没有哪一个人愿意像乞丐一样过着全然靠别人施舍的生活。

盖柯指的不是一顿有肉有酒有面包的简单而又丰盛的晚餐,他也不认可斯密所说的自利心应该常被同情心与慷慨调和。盖柯那段独白所蕴含的是,斯密所说的"自利心"可以成为经济与非经济领域的动力,尤其是当自利心脱下为他人谋福祉的外衣之后。这不仅关乎劳动力分工、贸易与交换的机制,而且相当于将脱胎于经济管理,尤其是自由资本主义领域的自我中心价值观推广到各行各业。另外,在全社会范围内,从教育到电力供应,从医疗保健到儿童护理,大企业的实践与价值观被视为既有效又合乎道德规范的,于是成为人们追求自我利益的途径。正是如此,自私、自利与自恋的文化意义才被颠覆,这些非但不是短板,反而成了美德。

正如颇具影响力的哲学家和社会理论家米歇尔·福柯早在20世

纪70年代末阐明的那样,我们需要谨慎地确保,我们不会将新自由主义的概要和特点与古典自由主义混为一谈。福柯在演讲中意识到,新自由主义是一套体系,在这套体系中:

> 市场经济原则可以被运用到政治权力的全面行使中去,人们可以借鉴与参考市场经济的正式原则并将之投射到政府的管理艺术中去。

早在1977年至1978年,就能在拥护自由贸易和以市场为导向的经济组织的过程中意识到这一点,福柯是当之无愧的时代先锋。

福柯所指的"政府的管理艺术"并不局限于政府本身,即并不单单指那些正式任命或选举一些人进入国家权力机关的过程,而是指将新自由主义的视野从纯粹的经济领域延伸到社会、文化和政治实践中去。换句话说,新自由主义的根本特点是将以市场为基础的交换理念视为与经济领域相关的一种价值,并将其应用于生活的方方面面。本书的一个重要意义便是根据历史的演变,为福柯的见解提供一个当代版推论,如果新自由主义认为市场是管理生活强有力的工具,且CEO是领导全球市场中最有权力的机构的英雄人物,那么无论是从象征角度还是实际角度出发,CEO都会成为超越企业与经济意义的成功典范。我们在此便揭开CEO社会核心理念的面纱。

生活是对艺术的夸大

如果我们从20世纪80年代的新自由主义早期快进到今天的新自由主义晚期,我们会发现奥利弗·斯通在电影里所描绘的反乌托邦景象已经进入全盛发展时期,但是现实比电影更畸形,而特朗普的当选使畸形的现实波及的范围更广。2016年11月9日,特朗普发表胜选演讲时,他自信满满地登台宣誓将效忠于美国人民。当谈到如何兑现"让美国再次伟大"的承诺时,他没有从政治、公民或民主言论下手,而是大谈自己所谓的经商成功之道。

> 我们众志成城,共赴使命,重建家园,重燃梦想,我的一生都在商界摸爬滚打,致力于打造商业帝国,在全世界挖掘项目,开发人才,如今这便是我愿为我们的国家做的贡献。

特朗普以经商之道治理国家的声音贯穿竞选始末。回荡在这首颂歌里的是管理主义思想,即认为政治与民主不过是通往效率与竞争力道路上的阻碍。在管理主义的科学与特权面前,民主价值观被束之高阁。

2016年10月大选之前发生了一段插曲,这段插曲便是民主价值观被抛弃的最好证明。那时特朗普被曝出一段谈话视频,在视频中他使用的部分措辞相当粗俗,这段话被普遍认为是对女性的侵犯。

这段引起争议的视频曝光后,特朗普的行为及其粗俗的言论在美国社会引发轩然大波,受到各大主流媒体及两党的强烈谴责。

特朗普视频丑闻的一个重点是它揭示了对企业高管及名人的追捧是如何赋予他们危险的权力的,更危险的是,这种追捧会导致明星商人兼政客忽视公认的社会习俗,认为他们可以凌驾于国家法律和最基本的礼仪规范之上。这是 CEO 自恋的文化幻想,他们的权威让他们自给自足,又免受指摘,当然,这也是贯穿特朗普竞选的自我认证主义的中心思想。作为一名总统候选人,他的承诺是,将他在商界的气质用于管理美国这个大企业上,他就是仅凭一己之力就能够"让美国再次伟大"的人。

即使人们批判特朗普,也主要是质疑他的管理效果和商业道德,如企业亏损和涉嫌非法避税,但问题是,人们始终相信杰出的 CEO 能成为杰出的总统,差劲的 CEO 就是差劲的总统。即使民主党对手希拉里·克林顿反击特朗普,称他所谓的像经营房地产事业一样管理美国这个大企业不过是吹嘘罢了,说他依靠未登记的员工来降低成本,希拉里也并不是在批判好商人能成为好政客的观点,她只是在表达特朗普经商时就使用一些为人所不齿的手段,所以无法成为一名杰出的总统。事实上,对于应当按照企业的方式来管理美国的观点,希拉里是认可的,尽管这种比喻从某种程度上来说有点扭曲。然而,商人最终还是赢了政客。

在整个竞选过程中,特朗普的自信从未动摇,对他来说,他在商业和政治上的优势是毋庸置疑的。用特朗普自己的话说就是:"当你是明星的时候,他们会同意你这么做。你可以为所欲为。"这样轻率的观点还延伸到了他对经济和政治权力的行使上。对一些人而言,特朗普因其"实话实说"的竞选方式而受到赞扬,但他的言论确实更全面地触及了当代政治和社会权威的症结,即精英阶层的权力往往没有上限,他们不接受别人的拒绝。这种政治和文化,明显反民主、反企业,同时激发了在本书中被称为 CEO 社会的想象。

时代英雄 CEO

特朗普所代表的 CEO 政治家形象是他人生的巅峰状态:一个超越经济与政治层面的理想化、英雄化偶像。尽管像特朗普这样的政客在竞选时可能认为,CEO 式的实干家正是美国政治所需要的,但从政治角度而言,CEO 这个首字母缩略词实际上是外来词,并非源于商业。"首席执行官"(Chief Executive Officer)及其缩写"CEO"其实是相对较新的称谓,根据《韦氏词典》,"CEO"一词首次出现在商业领域要追溯到 20 世纪 70 年代中期。到了 20 世纪 80 年代,这个词才真正成为公司领导的头衔,一直沿用至今。

虽然如今 CEO 这个头衔几乎完全与公司(及公司式)的领导联系在一起,但早期使用的"首席执行官"一词是指政治或军事领导人。

美国前总统尤里西斯·格兰特在1876年的年度咨文中说道：

> 没有受过任何政治训练就被任命为执行官既是我之幸，也是我之不幸。17岁之前，我未曾亲身体会过参与总统竞选的那种激动心情，但在我成为总统候选人之前，我经历过两次，其中有一次，也只有那一次，我是一名选民。

大约同时期，赫尔曼·梅尔维尔在他1850年出版的小说《白外套》（*White-Jacket*）中称一艘海军舰艇上的高级中尉为首席执行官。该书的主人公抱怨道："我没有理由去爱戴那位在我们的护卫舰上担任这个职位的先生。"为什么？不是因为他没有航海技能，而是因为他不关心普通水手。在亚历山大·彼得曼1891年出版的《公民政府要素》（*Elements of Civil Government*）指导手册中，行政长官指的是当选官员、总统、州长或市长的人，其职责是"监督法律的执行"。

到了今天，CEO的概念已经超越了政治和军事，成为企业的一个固定职位，更重要的是，CEO成了权力和领导力的象征。在所有身负执行权——监督、管理和指导的权力的人中，CEO是他们的老大。CEO是办公室三权分立制度的首领及权力的顶峰，他所代表的文化意义胜过与正式行政权的联系，就企业员工之间的办公室等级关系而言，CEO站在这个金字塔的顶端，长期以来被成就、领导地位、权力、富裕、豪车和奢华等光环所笼罩，时至今日，已经根深蒂固的CEO

形象同名人一样,都带有财富和权力的物质象征。

　　"CEO名人"这个概念并不是隐喻性的,许多企业领导人已经成为家喻户晓的英雄。"明星CEO"指的是那些在商界和金融界之外都很有名的CEO,通常是通过他们在演艺圈和流行文化中的存在感而出名的。想成为明星CEO,他们不仅要"是一名优秀的管理者,而且要在公共领域展现出领导者的魅力"。唐纳德·特朗普就是明星CEO的典型例子:他是美国总统,曾是自己商业帝国的领袖,长期以来一直在媒体的聚光灯下,还通过自己的节目《学徒》(*The Apprentice*)成为一位活跃的电视名人。同20世纪80年代的美国总统罗纳德·里根一样,特朗普甚至在好莱坞星光大道上有自己的星星。除了他们之外,还有许多CEO也家喻户晓,但他们从未涉足娱乐圈,代表人物有老一辈的维珍集团的理查德·布兰森、微软的比尔·盖茨等,后起之秀有特斯拉的埃隆·马斯克和脸书的马克·扎克伯格等。至于已故的苹果前CEO史蒂夫·乔布斯,除了有无数部关于他的纪录片外,还有四部关于他的故事片,其中最近的一部里,迈克尔·法斯宾德因饰演这位苹果CEO英雄而获得奥斯卡奖提名。

　　书店的书架上到处都是CEO的自传,或者应该说是"圣徒传",数量多到让这类题材发展成为一种特殊的亚种。人们不满足于探险家、宇航员、运动员或摇滚明星等新晋英雄——当代观众似乎也想了解高管的思维模式,窥探他们的私人生活,了解他们的灵感来源,或许也希望能沾上点名人的成功。如大家所想的那样,这些书一般都是由男性所写的:以直言不讳闻名的通用电气前 CEO 杰克·韦尔奇出版了《杰克·韦尔奇自传》(*Jack: Straight From the Gut*);路易斯·郭士纳夸夸其谈,在其自传《谁说大象不能跳舞——我是如何让 IBM 起死回生的》(*Who Says Elephants Can't Dance? How I Turned Around IBM*)中吹嘘自己的改革领导力是如何非凡了得;耐克创始人、前 CEO 菲尔·奈特在讲述自己如何靠 50 美元贷款起家,继而建立一个商业帝国的时候,把自己说成是"鞋狗"(Shoe Dog)。当然,只有真正成功的题材才值得大家恶搞,于是 2016 年,《特朗普头发的自传》(*The Autobiography of Donald Trump's Hair*)问世了。

自 20 世纪七八十年代新自由主义影响力迅速扩大以来,企业的文化含义有了变化,使企业领导人被冠以"英雄"的称号,当然这也许不是什么好大惊小怪的事。值得一提的是,在新自由主义出现之前,公众对企业负责人基本上是一无所知:人们想象他们一个个都是保守、墨守成规又冷血的样子,他们的工作就是管理一群西装革履的人。20 世纪 50 年代,斯隆·威尔逊在他的小说《穿灰色法兰绒套装的男人》(*The Man in the Grey Flannel Suit*)中,把企业高管描绘成一群死气沉沉、循规蹈矩的人,他们被困在笼子一样的办公室里,丧失了个性,被工作蹂躏,整个人生被毁,只剩下凄惨。

威廉·怀特在其 1956 年出版的著作《组织人》(*The Organization*

Man）中也把企业高管描绘成空洞、听话的应声虫。怀特认为，他们缺乏个人品质，受制于大企业的小恩小惠。在怀特所称的"组织时代"里，企业高管的特点就是整齐划一，对共同决定绝对服从，怀特对此扼腕哀痛。那这些高管得到称赞了吗？当然没有。他们是别人争相模仿的对象吗？当然不是。怀特全心全意地主张企业员工能积极抵制他们所处时代的企业文化。"因为组织管理员工的权力越大，员工就越要清楚他们必须在哪些领域坚持自己的立场。"怀特在谈到高管时如是写道。

但后来情况就不一样了，到20世纪90年代末，作家兼商业评论家吉迪恩·黑格称"CEO狂热崇拜"的现象已蔚然成风，尤其是在美国以及资本主义发达的其他地方。这时人们不再受上一代人集体正统观念的束缚，他们在会议室里越来越有勇气表达自己；至少这种勇气形成了一种价值观，得到了商界、权威人士和追随者的公开称赞。新生代CEO被誉为股市超级英雄，他们能一口气让其领导的公司飞跃到一个新的台阶，取得辉煌的成就，达到新高度。新生代CEO们被想象成穿着细条纹衣服的摩西①般的人物，凭借纯粹的意志力，拨开市场的惊涛骇浪，带领自己的组织走向那片"应许之地"。黑格曾明确指出这只是一个神话，因为它违背了一个事实：对于任何一个复杂的

---

① 译注：公元前13世纪犹太人的民族领袖，《出埃及记》中记载，摩西受上帝之命，率领被奴役的希伯来人逃离古埃及，前往富饶之地迦南。

032

大型组织而言,它的财富的增加都不可能①归因于单个人的行为,尤其是在短期内。然而,他提到的"狂热崇拜"则坚定地表明:单个人的一己之力可以增加大型组织的财富。

此时,CEO们开始获得丰厚的报酬,这反映了他们新的神话般的地位开始确立。因此,尽管怀特可能会哀叹20世纪中叶个人主义的中落,但到21世纪初,个人主义却以一种奢侈的形式回归。高管们被富有冒险精神的企业家精神所吸引,他们得到的真经是"首先,打破所有的规则",然后培养每一位员工的个性。伴随着CEO狂热崇拜而来的是薪资水涨船高,与普通员工的薪水相比,CEO的薪水增长速度堪比搭上了火箭。1983年,美国CEO的平均工资是普通员工的46倍,到了1993年是195倍,2003年为301倍,2013年为331倍,2015年为335倍。这种模式覆盖了世界各地,如澳大利亚、智利、法国、匈牙利和韩国。

在文化上有了新的声誉,形象又被媒体放大,有明星CEO身份的加持,再结合人们赋予其的英雄预设——公司的业绩完全可以归功于CEO,这些使得明星CEO的形象具有鲜明的个人主义色彩。如果公司业绩有工人等其他人的功劳,那么人们就会认为,工人所创造的价值只是其领导者的力量和意志的延伸。换句话说,"当媒体将一家公司的喜人业绩归功于CEO,让人们对CEO的声誉和形象产生深刻

① 此处原文是表"肯定"之意,但是结合语境,译者认为应该是表"否定"。

印象时,这位 CEO 就获得了名人的地位"。这是 CEO 社会成为谬谈的根本原因。

媒体和文化产业不仅从 CEO 所在的公司或行业方面巩固 CEO 的英雄形象,更是在整体上将 CEO 塑造为可以指导普通公民日常生活的理想化身。深受这种形象影响的人,除了以一种怪异的新形式融入某家公司的 CEO 的粉丝圈之外,对公司本身并没有什么兴趣。在 20 世纪,人们认为企业高管是沉闷的官僚,如今这种想法早已消失得无影无踪,资本家曾被当作"肥猫"(fat cat)剥削者、奸商及寻求个人财富最大化的人,现在的明星 CEO 是"酷猫"(cool cat),他们使新自由资本主义合法化,强化了企业的权力,树立了良好的品牌形象。

随着 21 世纪的到来,CEO 已成为新自由主义时代的主要英雄。他们是全球超级领袖,凭借其个人魅力、天资和毅力,可以单枪匹马地带领企业获得前所未有的成功与繁荣。CEO 卓越的形象无孔不入,以至于他们的想法已经被视为能够指引人们在生活方方面面获得成功的暗喻。想减肥成功?那就成为"你身体的 CEO"。男人想获得浪漫的爱情?那就"向管理层取经,学学他们那套于工作、于生活都行之有效的办法"。想过好这一生?那就成为"自己的 CEO"吧。

企业价值观/社会价值观

如果 CEO 是我们这个时代的英雄,那么这个时代就是我们所说的新自由主义时代。正如我们已经讨论过的,自 20 世纪七八十年代以来,全球经济发展突飞猛进,于是我们所处的时代,从国际层面来讲,成了大型企业对我们生活各方面拥有越来越大的掌控权的时代。随之而来的是一个主流学说,标榜自由市场为处理政治、社会和经济事务的最有效手段。可是照这种逻辑,政府应该收回干预市场进程的手,而不是有义务确保其自由运作。新自由主义之名源于自由主义,二者都对资本主义的必然性和可取性深信不疑。此外,正如政治经济学家热拉尔·杜梅尼尔及多米尼克·莱维所解释的那样,新自由主义是建立在资本主义不平等的特定延伸基础之上的,这种不平等是由阶级利益的重新配置促成的。它的出现是因为结构性收入与财富不平等的加剧,以及由此而来的权力被独特的社会少数群体所掌握。

随着新自由主义的出现,我们在处理资本所有权、行政管理以及金融机构影响力三者之间的关系时建立了一种统治模式。全球市场经济赋予企业新的自由使企业得以解放,这个过程就是统治模式出现的根本原因。这些经济变化对社会也有重大的意义和影响,新自由主义要求经济关系与实践必须改变,从而支持所谓的"1%"。"1%"这一说法在 2011 年的"占领运动"后流行起来,用于表明全球财富集

中在世界上极少数人手中,"占领运动"的口号是"我们是99%",这一口号既展示了少数人的潜在力量,也表达了富人对多数人的剥削。

这种抗议不仅关乎人们经济生活的不平衡,还关乎由此产生的社会文化理想。正如温迪·布朗用新自由主义的理念所言:

> 不管是个人还是国家,都要按照现代公司的模式被解读,都要通过企业精神、自我投资以及/或招商引资的方式将其当下的资本价值最大化并提高其未来价值。

正是 CEO 的特点使其被人格化为一个值得尊重和效仿的职位。描述完 CEO 的发展之后,本书剩余部分的任务就是全面探究 CEO 如何成了商业乃至社会及文化的模范,并评估人们对企业高管近乎顶礼膜拜的行为给社会带来的危险,这里所说的社会指的是"CEO 社会",即公司领导不仅成为改革企业的典范,也成为改革经济、政治、文化及个人生活的典范。对许多人来说,CEO 不再仅仅是管理人员,还是一种文化象征,正是人们对企业财富和权力的崇敬才促成了《学徒》等电视节目的成功。《学徒》这个节目除了在 2005 年前后将唐纳德·特朗普送上星途之外,还在世界各地被复制,这也充分说明了CEO 象征着当今人们对创新、财富和成功的渴望。

CEO 的语言、行为及价值观被搬用到生活各个方面,从升职加薪到总统竞选,甚至是寻找真爱,人们从他们追捧的企业高管的视角来看待一切事物,这便预示着CEO社会的发展。在对新自由主义达成共识长达几十年之后,我们才意识到这条路有多危险:生活沦为一份对成本与利润、竞争对手、功能效率以及追求私利工具的市场分析。我们面临的问题不仅是要探究我们是如何使自身陷于这种境地的,还要清楚这对民主和整个社会的未来,以及对当今世界公民个体来讲意味着什么。曾经与企业高管相关的企业价值观几经波折发展成了塑造社会关系的现代范式,我们要探究的就是这个发展过程。

无论是商业、政治、文化还是社会生活,其核心问题都是因为自恋型企业的新自由主义发展到了后期阶段,企业高管在社会各方面都建立起了冷峻的偶像形象。欢迎这种企业高管偶像化现象的人也很多,本书后面会提到,但是需要读者在理解这种偶像化现象时需要有更多的批判意识。我们在一定程度上可以解释企业对政治和文化等相关事物的不当影响,如竞选捐款和市场营销。但是,需要强调的是,这些领域的重新配置是按照以CEO意志为代表的企业精神进行的,这也说明了为什么尽管金融资本主义受到越来越多的人的质疑,但我们依然生活在一个越来越CEO化的社会中。

在探讨CEO社会的特征与情况时,我们要考察的是与威权主义、自我决定论及经济理性相关的企业价值观对企业及企业以外的领域的影响。政治就是一个核心领域,所谓企业伪民主形式就是政客们

不仅受到大企业的影响,还将其价值观发挥得淋漓尽致。除了政治领域以外,还需要探究的是企业价值观对人际关系的影响,在人际关系中,社会关系被当作"市场机会"来评判,教育成了对未来的一项投资,同时,剥削和暴利被视为高尚的成就,《福布斯》杂志向其年度世界亿万富翁列表中最富有的人致敬便是最好的例子,2017年《福布斯》在30周年纪念名单中还列举了关于"亿万富翁积累财富的秘密"的建议。

CEO 社会带来的影响既至关重要,又十分危险。社会福利、政治民主、社会支持及同情心等传统价值观,甚至包括希望,越来越被抛在一边。然而,对 CEO 作为生活方方面面的榜样的颂扬在我们这个时代仍有增无减,尤其是当社会和经济不平等在世界各地迅速扩大的时候。随着特朗普当选为美国总统,我们甚至可以说,尽管企业新自由主义带来了问题和不平等,但很多人仍然认为,有能力解决这些问题的还是企业高管。虽然市场意识形态仍然是政治和社会辩论的先声,但当今 CEO 社会的一个显著特征是,企业高管的理想体现了现代社会对创新和经济、政治及文化成功的渴望。

一个执行型社会

正如之前所说,CEO 的崛起与新自由主义的爆炸式发展有着不可分割的联系,两者之间的关系和区别值得详细阐述。从本质上讲,新自由主义是朝着超级资本主义的社会秩序发展的，因此必须采用市场价值作为构建社会、政治和经济关系的基石。这种新自由主义转型所涉及的内容很直白，那就是在社会、政治和经济生活的所有领域减少国家的参与，同时扩大私营部门。这大体上意味着，传统的公共领域，如医疗和教育，必须符合竞争、效率和盈利的市场逻辑。此外，新自由主义转型的思想基础应该是自由等同于个人主义及资本主义，新自由主义转型应该可以让人联想到乌托邦式愿景，即一个基于创新、精英主义、个人自由和责任的市场社会。

现实却明显不是这样的，新自由主义导致了不平等的鸿沟日益扩大、资本权力不断扩张、企业占社会支配地位、自由民主遭到侵蚀。它在意识形态层面支持市场自由，致使经济焦虑更加严重，公共福利遭受到的系统性攻击更为强烈，从而使社会出现分裂，给国家和社会带来反作用。总之，新自由主义致使社会上出现了大多数人艰难奋斗、少数精英阶层繁荣发展的局面。巩固这一现实的方法便是宣传一种声称自己既客观又称心的市场逻辑，而其中最明显的也许就是市场化，一般来说，就是指"采用市场的方法和价值来指导政策的制定与管理"。目前社会发展的绊脚石就是繁文缛节及低效的官僚主义，而这些问题只能通过市场自由运行来解决。公共领域私有化是落实市场化的核心方式。的确，在20世纪八九十年代，英国和澳大利亚等国掀起新自由主义改革浪潮，国有企业被大量转移到私人手中，其中包括能源公司、国有银行、火车公司及电信公司。私营部门和囊

括私营部门的"企业"被誉为生产力和创新的典范。如果说市场化是在公共部门和非营利部门采用新自由主义方法,那么私有化就是将国有资源全面移交给私人。正如学者梅金森和内特所言:

> 一项全新的经济政策能在短短 20 年时间里从新生儿发展为全球正统思想,实属罕见。然而,私有化的政治与经济政策却做到了。什么是私有化?私有化就是政府有意将国有企业(国企)或资产出售给私营经济机构。

按照私有化的逻辑,各个机关与各种服务掌握在私人手里才是最好的,于是,出现了公利的发展要靠私利的传播的局面。

金融化的蔓延也是新自由主义的一个特点,金融化指的是"金融市场、金融机构和金融精英对经济政策和经济成果产生更大影响的过程"。所有的一切都被量化,盈利能力和价值纯粹用经济术语来衡量。所以,唯一真正需要考虑的是某事在经济上是否可行——其他所有目标都是多余的。重要的是,尽管这些价值观无处不在,但它们也相当灵活;事实上,现有的新自由主义是有延展性的,足以适应各种特定的文化、社会和经济背景,即使它的本来含义可能难以被确定。尽管存在这种矛盾,新自由主义仍崇尚压倒一切的超资本主义理想并以这种方式运作,超资本主义理想的具体实例可被巧妙地应用于改变各种组织与集体的活力。

对于一种对个人自由如此着迷的意识形态而言，人们在理解由新自由主义赋予特定人群权力的形式方面一直存在巨大的差距。我们所知道的是，新自由主义自诞生以来，一直伴随着极富魅力的经济和政治领导人的出现。在20世纪80年代的美国，人们崇拜比罗纳德·里根总统、克莱斯勒前CEO李·艾柯卡和通用电气前CEO杰克·韦尔奇等更有男子气概的人物，这推动了魅力型政经领袖出现的趋势，他们被塑造成领导兼行动英雄，能为公司、国家乃至世界带来市场效益。

这种资本主义偶像化的形式因与市场化相关联，故而指向执行权力的深层次新自由主义思想。值得注意的是，人们普遍认为，商业型领导是解决组织、社会和经济问题的必备条件。CEO成为强悍、有能力、有前瞻性思维及踏实干实事的领导者的化身，因此，CEO不仅在经济上占据了显要地位，在意识形态领域也是如此，CEO是那些囊括资本主义自由与成功、克服一切困难来实现目标的人物的理想化形象。更糟糕的是，CEO这个概念本身就是重组社会和政治关系的基础。资本主义总是深陷领导危机之中，深受企业丑闻与灾难、经济灾难与金融动荡、生态不可持续性与环境灾难、失业与贫困等问题之苦，且急需有人来解决这些问题。CEO正是能解决这些问题的人，他就像人们所期待的独行侠，可以随时待命，为社会拨乱反正。民主和集体审议等价值观被摒弃，取而代之的是一位全能型执行人物，给社会带来利润与进步并解决现实问题。

民主与CEO生活方式

80多年前,美国哲学家约翰·杜威写了一篇慷慨激昂的文章,宣传民主不仅仅是一种政府体系,而是一种更好的"生活方式"。杜威担心,民主所代表的社会价值和理想会被打着"一种特殊的政治形式,一种管理政府、制定法律以及通过普选和民选官员进行政府管理的方法"的名义轻易沦为正式和制度化的运作方式。民主作为一种生活方式,是实现以合作、均等、平等、参与、自我管理、一致同意为基础的人类社会性和共存性的一种手段。杜威认为,民主生活明确反对独裁和威权主义,也反对二者带来的压迫与胁迫。

CEO社会也以积极的方式提供了一种"生活方式",但这与杜威的民主理想背道而驰。之所以会成为一种生活方式是因为它不局限于CEO所活动的某个机构或组织。从这个意义上讲,CEO社会已经超越了企业的范围,开始从整体上影响人们在社会中的表现与互动。CEO生活方式涉猎广泛,从优步(Uber)司机身上萌芽的创业精神,到许多父母身上的竞争个性中便可见一斑:这些父母面对自己仅7岁的孩子,就希望他们能在公立学校的考试中考出好成绩。因此,生活在CEO社会中,强加给我们的价值观是建立在不平等、人类竞争、利己主义和剥削之上的。虽然杜威无法预见今天的社会,但是他认为的"民主是对威权主义不平等的对抗"这一思想与当今世界有着直接的逻辑关系。CEO社会虽然存在,且是通过自由民主的形式得以存在,但其本质上是反民主的。如果到了最坏的情况，那民主本身就会导致威权盛行，沦为政治角逐中的投票市场。这种生活方式的危险之处在于，民主因作为一种值得维护的社会理想而得以保留的可能性非常小。①

CEO"生活方式"的崛起之路并非一帆风顺，构建一种进步的社会方式，进而将 CEO 方式取而代之的尝试如雨后春笋般涌现，新兴的政治运动，如"占领运动"和"黑人的命也是命"运动，已经回避了对领导人的需要，相反，它们尝试了集体决策、共享权力结构和民主精神，而不再选择执行权威的命令，因此，它们站在了从 CEO 手中夺回权力并将其重新分配给社会其他阶层的运动的最前沿。于是出现了一种关于存在主义的社会选择的冲突，即我们是需要 CEO 社会还是民主社会？

---

① 原文表示，民主作为一种值得维护的社会理想而得以保留的可能性非常"大"，但编者据上下文，认为应为非常"小"。

第 二 章

偶像化 CEO

2008年，全球经济在全面崩溃的边缘摇摇欲坠，金融体系沦为一片废墟，其自由市场的社会价值几乎完全缩水，即使是《华尔街日报》这样坚定的新自由主义阵营媒体也宣称，"危机迫使经济学家寻求一种新的范式"。造成此次危机的银行家和企业高管毫无悬念地从受追捧的英雄变成了人民公敌，一时间，华尔街的巨头们不再是20多年前汤姆·沃尔夫所定义的那种自封的"宇宙之主"，而是彻彻底底的精神病患者，正是他们的狡猾与贪婪将世界带到了金融崩溃的边缘。至少在一段时间内，金融精英们的虚荣心看起来最终会被傲慢的熊熊烈火灼烧。然而，这场大火很快就熄灭了，即使个别高管的形象一落千丈，可他们的个人价值基本上毫发无损。

　　可是，企业英雄从何而来？更重要的是，尽管有证据表明他不配当英雄，但他是如何设法恢复其英雄地位的？人们很容易认为这种资本主义偶像是永恒的。将货物带到世界各个角落的具有创业精神

的商人、给生产和社会带来革命性变化的头戴高帽的工业领袖,以及利用自己的发明为未来开启新篇章的科技企业家,这三种人似乎没有什么区别。但越过这一幅幅美好的画面,还有一幅更复杂的画面,令人心生不安。画里的商人不再是正面形象,不再英勇果敢,凭借其聪明才智成为所有人的榜样。相反,正如我们在前一章开始探讨的那样,商人在这个社会里大肆传播竞争、利己甚至剥削的企业理想,从而按照自己的形象改造人类生活的方方面面。

CEO越来越成为公众人物,在西方尤其如此,CEO社会是如何在这一过程中崛起的便是本章关注的重点。19世纪的商业巨头和强盗大亨演变成了战后保守的专业执行官僚,20世纪80年代的自由市场革命美化了商人的形象,同时,CEO们开始象征着宝贵的创造力和企业理想,被大众认为对企业的成败负有特殊责任。进入21世纪后,对CEO的崇拜继续蔓延,从而进一步推广了CEO的价值观,使他们已经成为受人珍视和钦佩的名人及榜样,他们的经验教训可以被应用于人们生活的方方面面。人们不分时间、地点、场合,迫切地落实CEO的原则,正是这些人催生了CEO社会,而我们亲眼见证了CEO社会的诞生。

CEO诅咒

CEO经常被描绘成一个英雄人物。这听起来可能有些夸张,但是回顾一下商业和大众媒体就会发现：高管们通常被赋予近乎神话般的尊重，用《CEO杂志》的话说，人们神化CEO的能力，称他们在"在全球市场取得成功"的同时，还"行正义之举"。当个别CEO遭遇滑铁卢，或卷入丑闻时，人们很快就会辩解称，他们没能达到其所处职位的道德地位是个人所犯的错，与CEO群体无关。因此，当图灵制药老板马丁·什克雷利于2017年在美国被判共谋证券诈欺罪而名誉扫地时，人们辩称促使他无情地哄抬救命药物的价格并从中获利的并不是贪婪的CEO资本主义，制药业称他是"害群之马"并和他撇清关系，因为他的个人行为玷污了这个自称致力于"延长寿命、改善数百万患者生活"的行业。于是，当个体受到应有的惩罚时，成就他的制度却岿然不动。

什克雷利的例子指明了人们是如何对CEO及企业活动进行道德判断的，指明了这种道德是如何利用新自由主义的核心——个人主义的。因此，虽然可以根据CEO个人的道德来评判他们，但从新自由主义的角度来看，这种道德完全是个人品质的问题，不是一种文化或整体现象。此外，CEO还应当是好人，这不仅是出于人性，还因为如《哈佛商业评论》(*Harvard Business Review*)所报道的那样，好人会得到"好报"：

> 员工给CEO的性格打分较高时，CEO两年的平均资产回报率为9.35%。这几乎是性格评分低的CEO的5倍——

他们两年的平均资产回报率只有1.93%。

因此,他们是资本主义美德的化身这一假定便成立了,这些CEO能够在竞争残酷的现代市场中游刃有余,在道德品质上又出淤泥而不染,因此,他们成为以正义的方式运用自由的榜样。但讽刺的是,这种自由的人格化伴随着一种普遍的不自由感,因为人们发现自己在自由市场中岌岌可危。根据个人能力与潜力寻找相匹配的工作存在难度,没完没了的竞争给人带来焦虑,人们担心自己永远无法实现职业目标和人生目标,这些都进一步肯定了那些设法发挥自己的性格、天赋和主动性而获得成功的CEO。

在实践中,职场成功的个性化使人们想知道要达到这种资本主义地位需要什么样的性格?简言之就是如何在一个全是失败者的市场体系中成为赢家呢?如果人们认可拥有故事一般的崛起之路的CEO理应获得所有的成功,那么我们其他人要想成功就需要知道他们是如何做到的,并且清楚我们要做些什么才能像他们一样。按照这种逻辑,即使经验证据清楚地表明,富人相对穷人来说拥有许多内在优势,但也已经不重要了。

可事实是,许多(如果不是大多数)CEO之所以成功,更多的是因为其社会优势,而不是任何特定的个人特质或他们的辛勤努力。一般来说,高层管理人员群体的背景单一得令人不安。即使女性和少数族裔在管理上取得了成功，他们也都是来自特权家庭，文化程度通常比白人男性对手更高，且接受的观点和价值观与传统精英主义有关。所以，要想被精英阶层所接受，他们与其他当权者的差别不能太大。公众的认知与高管的真实情况之间的这种矛盾，可能导致高管们在向股东和广大公众夸大自己的能力时，会超越他们所在的阶级和种族的特权。

著名学者、哈佛商学院教授拉凯什·库拉纳曾着笔于他所称的"超级明星 CEO 诅咒"。他指出，CEO 的决定性特征不在于其商业头脑，也不在于他们对社会、经济和政治环境的高瞻远瞩，而在于他们的魅力，一种让别人相信 CEO 价值观及价值的能力。用拉凯什·库拉纳的话说就是：

> 如今，几乎所有人都认为，成为一名成功的 CEO 的秘诀是领导力。战略思维、行业知识和政治说服力等品质成了锦上添花，而不是必备项。特别是当一家公司陷入困境时，在市场上寻找新 CEO 的董事们——以及关注他们一举一动的投资者、分析师和商业记者们——不会满足于一位只有才华和经验的高管。公司需要领导者，但是怎样才算是一个成功的领导者呢？当人们描述一位 CEO 所具备的领导才能时，他们最常使用的词就是"魅力"。

库拉纳称这是一种诅咒,因为这意味着企业领导力的基础薄弱得令人担忧。所谓领导人魅力,其实是一种观念,而非可持续的长久创新和经济增长。此外,它阻碍了新技能和新组织形式的发展,而实际上正是这些技能和组织形式才可以给公司带来理想效益。个人魅力转化为企业对"企业救星"的渴望,这是非常危险的。

高管诅咒还走出企业,上升到了文化层面,那些靠魅力和凭嘴皮子功夫掌权的人成了文化的一部分,如唐纳德·特朗普,他利用政治舞台,说服大量美国人把选票投给自己。这种将领导人神化的模式将威胁经济的可持续增长和真正的创新,助长了一种令人印象深刻但最终不过只是空洞承诺的风气。长期考虑让位于短期利益,魅力型威权主义是以牺牲合作和民主为代价的。因此,高管诅咒不仅对企业不利,还会耗空整个社会。所以,我们现在面临的问题不再是高管能否拯救我们,而是我们能否逃脱他们的魔掌。

高管的发迹史

库拉纳用类似宗教的术语描述CEO们,称他们是自封的救世主,寻求人们的崇拜。他们跨过世界各地的办公室,穿过各地的权力走廊,好像是在发挥自己的影响力,推动创新和创造就业。当然,这些行业领袖的命运会有起有落,他们的声望也会此消彼长,但是整体趋势是CEO的理念越来越强,从公司办公室扩展到社会的各个领域。

这种现代榜样有着复杂的演变史，当然，它的起源与传统经济学，尤其与CEO理念和创业精神的融合几乎没有什么关系。创业精神这个词的根源可以追溯到战场上。这个词是"15世纪从法国借来的，用以描述带领军队进入战场的军事指挥官"。这样的军事基础映射出了这类英雄人物内心更深层次的意识形态，一个以权力、竞争和征服为前提的意识形态。自由市场日益形成的主导地位只不过进一步巩固了这些价值观。

这可以与亚当·斯密作品形成阶段中的自由经济学的起源联系起来。斯密在其著作中首次提出"看不见的手"这一著名概念，对于宣扬自由资本主义经济的早期愿景十分重要。自由资本主义经济被认为是由集体推动的经济，许多经济参与者在追求个人利益的过程中不知不觉地促进了经济发展。在自由资本主义经济中，每个人都为自己的利益而运用自己的能力，被这种看不见的力量所推动，从而促进了集体利益，尽管他们自己无意这样做。正如第一章所言，斯密的著作，至少其中的一部分，率先把竞争作为一般社会的基础，并把竞争延伸到经济以外的领域。因此，他在"把竞争提高到经济社会的一般组织原则的高度"方面起的重要作用，很大程度上为他的历史重要性奠定了基础。

一个世纪后，英国政治哲学家约翰·穆勒宣称："只有通过竞争原则，政治经济学才能拥有作为一门科学该有的傲气。"穆勒的言外之

意是,在解释经济的阴谋诡计时,只有竞争才被认为是推导出结果的原因。用经济学的话说,就是在其他条件都不变的情况下——实际上,其他一切也都无关紧要。穆勒不仅提出了一个科学探究的课题,他还提出,通过竞争实现的利己主义既是一个公共道德问题,也是一个私人利益问题,因为它不仅仅效力于有组织的政府,还致力于"调和公共利益与追求个人利益之间的关系"。弦外之音就是,为给这项德育工程添砖加瓦,政治经济的理想公民应该为了让自己经济利益最大化而去拥抱创业竞争精神。

18世纪以来,公司的社会与经济意义日益增强便是这种竞争精神的体现。公司作为一个法律机构,在中世纪晚期以一种新生的姿态流行起来,成为组成公会、城镇、大学和宗教机构的一种手段。然而,虽然一开始是为了满足重商主义的需求,在19世纪才转变为工业巨头,企业的扩张却是刺激"现代"高管诞生的重要催化剂。这也见证了私人商业利益开始向公共领域扩张,西方的工业革命催生了一个"镀金时代",富有的实业家不仅控制着经济,还拥有重要的政治影响力,美国尤其如此。自由主义为少数人积累巨额财富提供了便利的道德借口。

将利润最大化提升为最高的社会和经济价值也提出了一种理想化的愿景,即企业高管是进步的主要先驱。在20世纪初,科学管理者开始着手打造效率更高、更多产的组织,并在"下渗经济学"(涓滴经济学）这个概念还没诞生之前就在其中促进财富的流通。弗雷德里克·温斯洛·泰勒这样的工程师和亨利·福特这样的实业家因革命性地改变工厂和装配线的生产方式而备受推崇。许多人认为，他们为制造业所做的一切预示着一个更美好、更现代化、人人皆富裕的世界的到来。1908年，当哈佛商学院首任院长埃德温·盖伊在寻找教授产业组织这门课的人选时，他找到了泰勒。泰勒非常受欢迎，因为正如当时哈佛一名教员所说，"他似乎为管理提供了某种模式"。到1914年，一门致力于研究"泰勒管理体系"的课程已成为该校的主要课程。

虽然有些人可能视他们为英雄，但这并不是普遍观点。在其他地方，商业领袖的形象就不这么乐观了——他们被描绘成资本主义剥削者。卡尔·马克思曾有一句名言："资本是死劳动，它像吸血鬼一样，只有吮吸活劳动才有生命。吮吸的活劳动越多，它的生命就越旺盛。"同样，他称资产阶级"已经变成了吸血鬼，吸干（小农的）血液和大脑，然后把他们扔进炼金术士的资本大锅里"。另外，1912年发生了一件平淡无奇但又属于政治光谱另一端的事件，弗雷德里克·泰勒被召到美国国会众议院委员会的听证会上，为自己以及其他企业管理制度接受调查。为什么会这样？因为他的管理方式因独裁、虐待员工甚至不符合美国风格而受到质疑。

长期以来，以CEO为代表的企业家和作为资本主义核心价值的创业精神，一方面被视为经济希望与繁荣的关键因素，另一方面在经

济上又受到质疑，甚至不受社会欢迎。最终，到今天为止，CEO的演变说明这种紧张关系还是有效的。商业评论员杰里·尤西姆在思考CEO"100年的演变"时探讨了这一点。具体来说，他强调了21世纪CEO的公众形象经历了从暴君到政治家再到破坏者的转变。尤西姆认为，从20世纪20年代开始，19世纪末20世纪初强盗大亨时代专横的企业高管，已经变成了某种平淡无奇的管理者，变成了唯企业之命是从的人。20世纪80年代罗纳德·里根和玛格丽特·撒切尔推行新自由主义改革，自那之后到20世纪晚期，CEO才开始扮演双重角色——文化上英勇的名人和执意要不惜一切代价实现股东价值最大化的"破坏者"。这些不同的特征不仅表明经济关系的性质发生了变化，还表明人们对领导力的看法也发生了变化。

在对CEO的价值判断发生变化的过程中，人们一直在努力树立企业高管的合法公众人物的形象，宣扬他们为公众利益做贡献，值得社会的效仿和尊重。这种英雄化反映了资本主义意识形态的一个核心维度：资产阶级中富有又有权势的成员之所以配得上社会地位的提升，是因为他们有功劳，而不仅仅是因为环境。造成这种局面的原因是资本主义那伪善的历史。一方面，市场经济必须不断创新和演进，才能在短期内满足（但永远不会真正满足）其对利润不可抑制的渴望。另一方面，它必须重新成为促进社会进步和经济正义的积极力量。这种情况与经济学家约瑟夫·熊彼特一个极具影响力的观点——创造性破坏类似。熊彼特用这个术语定义了他所认为的工业资本主义的一个决定性特征：它"反复不断地从内部革新经济结构，不断摧毁旧的、创造新的结构"。

根据这种说法，新自由主义及其所依附的资本主义形式必须以新的形式来面对所有危机，必须在不改变其根本特征的情况下，证明其存在的合理性。

商业领袖的演变反映了资本主义和资本家的社会历史。我们现在所说的CEO，作为文化人物，是工业革命之后资本主义进步的一个持续的化身，其发展由强盗大亨，到公司职员，再到名人。通过这些不同的人格化，我们可以看到CEO这个概念代表了人们当前对资本家及资本主义的含义广泛而不断发展的想象。最肯定的是，CEO象征着人们对领导力的浪漫幻想，这种领导力幻想将逐渐渗透，进而从整体上绘制社会幸福的蓝图。在当代，通过创造CEO名人英雄的理想化人物，社会对资本主义的崇拜已经达到了新的高度。

权威的悖论

在当代资本主义中，CEO是极其矛盾的人物。正如前文已经解释过的，CEO被人们崇拜，也被人们鄙视；他们可以扮演英雄，也可以扮演反派；他们被描绘成社会进步的驱动者，也被说成是拖慢社会进步的罪魁祸首。这种两面性指向了更为根本的矛盾：CEO必须同时

具备经济剥削性和社会合法性。这就揭示了自由市场中一件充满讽刺意味的事：为了商人自身的繁荣，他们必须在文化上寻求人们的喜爱，或者至少是被人们所接受，同时要尽一切可能实现繁荣。

　　从文化上讲，CEO过着一种双重生活。他们一方面要表现得像冷酷无情的商人，其唯一的关注点是赚钱，让公司的财务实现增长。这可能往往意味着，为了利润最大化和保持全球竞争力，他们要牺牲员工的福利，甚至牺牲员工的生计。必要时，还可能使公司在他们的掌舵下走向灭亡，导致公司为了所有者的更大财务利益而被清算（考虑到薪酬结构，当代CEO当然也是所有者之一）。然而，CEO必须让这种冷酷的商业能力与一种观念相匹配，这种观念就是：他们的行动结果是服务于有价值的社会功能的。当CEO的成功是以牺牲大多数人的私人和集体利益为代价时，情况尤其如此。显然，要想取得成效，CEO必须让公众觉得他们所追求的目标比单纯的经济剥削和暴利更加高尚。对于20世纪90年代担任日光公司CEO的"链锯阿尔"阿尔伯特·杜兰普来说，声名远扬并没有什么长远的好处，他无情地裁员，专注于短期利润和会计创新，这样随意的管理方式虽然让他声名鹊起，也让他跌下神坛。杜兰普作为冷酷无情的裁员者而闻名，至少在一段时间内，他因不惜一切代价追求利润而在股票市场受到尊敬，直到有人以会计欺诈的罪名对他提起股东集体诉讼，他才声名狼藉。

为了避免这种常见命运，并确保市场经济社会的再生产以及驱动市场经济的 CEO 的价值不贬值，文化道德化的过程应运而生。社会学家马里恩·富尔卡德和基兰·希利就此确定了阐述市场道德的经济学中一个长期存在的惯例。他们解释道，形式有以下几种：

> 温和的商业活动传统是由市场培育诚实、文明和合作的个人美德来发扬光大的。另一些人则把市场看作是在生活的其他方面实现自由的必要条件，尤其是在政治和文化领域。今天大量的规范性宏观经济学所代表的传统强调经济增长是人类进步的一个条件。

与市场道德化相关联的是 CEO 自身的道德化，他们经常被抬举为人类进步的关键。对于 19 世纪末 20 世纪初的商业领袖来说，他们在道德上被镀上一层金，经常被描绘成一群带有家长式理想的人物。他们有责任在道德和经济上"照顾"员工，引导员工们采取更正义（和更能盈利）的生活方式。道德化的管理高层从 20 世纪初发展为专业的管理者，他们的职责是忠实地监督优秀企业的运作，并以此探索出如何以最佳的方式组织和监督效率更高、更进步的社会。社会学家马克斯·韦伯在其官僚主义理想类型的概念中将他们描述为完美公职人员的化身。二战后，这些公职人员成长为负责任的公司高管：他们尽职尽责，是具备远见卓识的管理者，他们的想法和权威能确保公司获得盈利，实现可持续发展。那个年代的经理们被认为是一帮单

调乏味、墨守成规的人，他们一板一眼地执行自己所服务的公司的要求，一直到最后感恩戴德地接受退休礼物——一块金表。

时至今日，CEO理念的发展揭示了一个更为普遍的权威悖论，一个超越资本主义自身的悖论：在文化上不被认可的权威人士的实际利益与他们声称所创造的利益成反比。这种矛盾以两种截然不同但又密切相关的方式表现出来。它在性质上既有个性，又有系统性。因此，权力必须被公平公正地授予个人，以及允许个人行使权力和特权的基本制度。

现代CEO就是这种资本主义权威矛盾的最好例证。但这在历史上绝不是个别现象。18世纪和19世纪，以市场为导向的动产奴隶制度的运作就遵循着一种类似的合法化悖论逻辑。

奴隶主不仅仅是契约奴隶（无论男女老少）的剥削者和暴虐者，还被正式提出是奴隶的合法监护人、保护者和生活资料提供者。在意识形态上，这种悲惨的文化谎言通过种族优越感得以延续。仅凭"白人"身份，奴隶主就被视为奴隶的主人。当代根深蒂固的种族主义就源于这一悲惨历史。正如作家、演讲家和广播员凯南·马利克所说：

> 一个接受了平等概念的社会存在等级、阶级和人民之间

的差异……种族概念并非源于启蒙的范畴,而是脱胎于启蒙思想与资本主义社会组织之间的关系。

早期的实业家在雇用有薪劳工时也采用了这种权威的借口,这不是什么值得大惊小怪的事。基于对企业主的理想化形象,人们大肆宣传雇佣劳动,称企业主拥有知识和经验,知道如何以最佳的方式管理自己的公司和员工。企业主所表现出来的创新精神、商业头脑和金融头脑被认为是证明他们是能让公司乃至经济蓬勃发展的骨干力量的有力证据。管理阶层就是这样诞生的。他们之所以拥有特权,是因为人们相信,相对于一部分人而言,某个类型或阶层的人具有天生的优越性。良种马赛马理论可以解释这种说法,或者将之作为一种个人精英主义的功能也说得通。无论怎么解释,商业都被定位为一种只有适者才能生存的环境,幸存者指的是那些最有能力确保社会进化和进步的人。

当代CEO的合法权威是这种谱系的延伸。CEO被认为是这个社会的合法领导人,他们的超额经济回报、社会地位的提高以及政治权力的增强都基于他们作为商人的个人价值以及他们对经济做出的卓越贡献。按照这种逻辑,在经济竞争的世界里,地位跃居高层的CEO才是值得我们尊重、热爱和顺从的人。也正是这样,资本主义信徒将继续把资本主义描述为一种自然秩序,这个秩序里那些享有权力、特权和威望的人,从道德角度来讲也是当之无愧的。

偶像 CEO

纵观人类历史,人们总是向偶像寻求救赎,无论是天界偶像还是世俗偶像。来自天界或行走在我们凡人中间的偶像帮助我们理解现世,平息我们的世俗焦虑,并承诺指引我们远离悲伤。历史上也充斥着一群虚假的偶像,他们虽然光彩夺目,但最终都是空洞的形象,将个体和群体引入歧途。在现代,CEO 们被抬高至偶像地位,他们就像我们这个时代最高贵的金牛犊①——一个被大众追随和模仿的超人形象。

CEO 地位如此崇高,以至于民众、客户和工人被连哄带骗地视他们为美德和专业的典范。创业精神是这个时代万万不可缺少的命脉,而企业主和企业家被视为创业精神的缩影。公司总裁不仅被定位为富有创造力的企业家,还必须散发出冷静的尘世之光,这束光是他们获得盈利、在经济上成为负责任的社会公民的前提条件。市场日常经济再生产的关键就是对其杰出领导人的崇拜。从前,约翰·肯尼迪对美国全国人民说:"我们选择登上月球。"今天,这份荣誉归于亚马逊 CEO 杰夫·贝佐斯,他在 2017 年宣布,"美国是时候重返月球了,这次希望能够留下来……我们应该在月球上建立永久定居点"。

---

① 译注:金牛犊源自《圣经》典故,指摩西上西奈山领受十诫时,以色列人制造的一尊雕像,深受大众崇拜。

然而，尽管成功的商人们身负这些赞誉和荣光，但鉴于他们将利润置于一切之上，从道德角度来看，他们的责任感是存在问题的，所以公开强调他们的成功有些不合适。可是人们都渴望获得个人成功、看到社会进步，这也就暗藏了人们对商界人士的钦佩之情，利用人们这种渴望的关键就是宣传自由市场可以让社会变得更美好，不过这种观点在罗纳德·里根的"下渗经济学"中遭到了口诛笔伐，下渗经济学认为，经济树顶端的人会将财富下渗给其他人。尽管所有证据都表明这一理论不过是赤裸裸的谎言，但即使是在今天，这一理论仍然激励着许多政治家，因为自由市场承诺在创造就业和提高生产率的过程中会取消不必要的支出并降低税收。如果你信了，那么你也会轻易地接受仅凭CEO就可以刺激新的增长并推动创新的神话。

当今世界对CEO崇拜正朝一个新高度的方向发展，远远超出了只尊重商业头脑的范畴。CEO们成了令人热血澎湃的市场预言家和社会推动者。就在几十年前，微软CEO比尔·盖茨和苹果掌门人史蒂夫·乔布斯这样的科技企业家开始被认为拥有推动我们走向光明未来的思想。如今，这份重任已经交给了脸书的马克·扎克伯格和谷歌的拉里·佩奇等人。这类人物代表了一种超越纯粹的技术信息的关键竞争优势，尤其是在美国，对CEO的崇拜已经散发出一种特别的美国例外论的味道。天分和才能常常在公众舞台上得到宣扬的史蒂夫·乔布斯就是一个很好的特例。沃尔特·艾萨克森在《纽约时报》上撰文表达了这一观点：

聪明又接受过教育的人并不一定能带来创新。如果美国在这方面继续拥有优势，那么它将能够培养出更富创造力和想象力的人才，培养出知道如何站在人文学科和科学交叉领域的人才。像史蒂夫·乔布斯那样的职业生涯才是真正的创新。

这种天分的表现形式往往被描绘成涉猎领域众多，又难以用语言形容的样子。例如，理查德·布兰森高瞻远瞩，不墨守成规，他的思想将世界从循规蹈矩的商业模式中拯救出来。

CEO偶像化揭示了CEO社会核心至高无上的神圣品质。长期以来，人们发现，对自由市场的笃信从本质上讲不仅具有科学性，而且具有同等的（如果不是更浓的）宗教色彩。它围绕着人类和世界对教条主义观点的虔诚奉献——经济学家约瑟夫·斯蒂格利茨将之称为一种普遍存在的"市场原教旨主义"。然而，这个超级资本主义体系可能弥漫着一种更强烈的宗教信仰精神。它代表地球上的天界秩序，其中的CEO无所不知，大权在握，是落入凡尘的上帝，理应受到才华不及他们但忠心耿耿的信徒的崇拜。这种崇拜回避了任何有关企业不当行为、无情追求利益的事实，以及因工业发展而遭到破坏的生态或全球不平等失控等事实。

成为宇宙之主

自 20 世纪 80 年代以来，人们越来越多地将拥有无上权力的 CEO 视为股东价值的创新创造者。但是鉴于现代金融资本主义已经失去个性，变得非常技术化，所以人们对 CEO 的大肆吹捧显得尤为有趣。资本的新统治不是建立在人类的勇气和主动性等根深蒂固的自由市场价值之上，而是建立在复杂的算法和财务报表之上。这样说来，新自由主义在实践中意味着将控制论、非人类的系统和过程提升到松散的政治和司法领域之上"。大数据和人力分析方兴未艾，它们能确定如何使员工最大限度地提高生产率，如何锁定客户。一些雇主甚至雇用医疗保健分析公司，因为这样可以通过用数据挖掘员工的医疗保险理赔、药物处方和互联网搜索记录等信息来判断女性员工是否在备孕。沃尔玛和时代华纳等美国大公司都聘用了此类公司，以专门收集员工医疗信息。

CEO 的社会地位，在很大程度上，是对人们日益担心的经济去人性化的回应。在现代资本主义中，人格几乎没有存在的空间：无论是消费者、选民还是员工，都只是可以通过分析和设计而带来利润的数据点。到 2020 年，由谷歌、脸书、亚马逊、英特尔、微软和 IBM 等公司支持的大数据产业的估值将超过 2000 亿美元。这个行业的吸引力在于，它给人们带来一种幻想，让人们以为他们能够预测未来，并利用这些知识为自己谋利。雄心勃勃的企业高管之所以具有独特的文化

魅力也是因为人们都希望自己拥有掌控权，免受当代市场及其技术魔法的摆布。本着这种精神，人们可能会对 CEO 的权力进行投资，因为他们私心认为自己是独特的、能自己说了算的人，能够像他们的偶像一样，充分实现自身的独立，挖掘自身的潜力。

在 CEO 社会中，强大的领导的理念在公众意识中只会变得更有影响力。这反映了当代的一种"主权幻想"，其中，人们努力通过有效地投资一个外部权威人物来摆脱非人体系的操纵，这个外部权威人物的权力和能力是人们根据自己的想象，认为自己有能力拥有的权力和能力。CEO 就是这种被赋予主权的幻象的缩影。他们自吹自擂的决断力、能指明方向的眼光以及众所周知的"做实事"的能力，都表明了他们内心深处的愿望：做资本的主人，而不是资本的奴隶或职员。虽然为他人服务或受他人统治的想法可能不太吸引人，但这总比对着自动化服务器打躬作揖要好得多。如果为一个强大的领导服务，那么可能某一天你自己也能够获得这种权力，甚至凌驾于他人之上。这种想法为主宰权的一般讨论提供了新的角度，因为它与现代自由市场息息相关。在这方面给出最发人深省（如果不是最具先见性）的观点的人是汤姆·沃尔夫，他将股票经纪人和金融家描绘成新的"宇宙之主"。在他的《虚荣的篝火》(*The Bonfire of the Vanities*)一书中，汤姆·沃尔夫描述了一个属于幸运的少数人的典范：

> 这就是 20 世纪的罗马、巴黎、伦敦，这是野心之城，是一

块厚重的磁石,是所有有恒心、有毅力的人的终极之站——
而他是胜利者之一!他家住在公园大道那条梦想之街上!供
职于华尔街充满传奇色彩的公司 Pierce & Pierce,在 50 层
高楼上俯视世界!开着价值 4.8 万美元的跑车,身边坐着纽约
最漂亮的女人——也许没有什么才气,但美得不可方物——
她小鸟依人地挨着他!他命中注定就是那种会心想事成
的人!

沃尔夫描绘的"宇宙之主"是新自由市场秩序的胜利者,他们西
装革履,做着金钱与权力的交易。他们站在金字塔的顶端,从华尔街
的宝座上俯视着这个他们按照自己的形象重塑的崭新的超级资本主
义世界。

自沃尔夫这本划时代的小说问世的几十年后,他成了比自己小说
里的人物还让人羡慕的人。他过上了人们梦寐以求的生活:家住大别
墅,极尽奢华,大权在握,能够驾驭公司,拥有超越凡人日常道德的影
响力。2013 年上映的《华尔街之狼》(*Wolf of Wall Street*)集中体现了
财富、权力和犬马声色的交织,三者碰撞出巨大的能量。从表面上看,
这是对金融业罪恶和过度扩张的批判,但实际上也是以电影形式颂扬
金融业所有的违法行为。这部电影不是虚构的,而是根据因洗钱和证
券欺诈而入狱的乔丹·贝尔福特的自传改编的。自传讲述了他是如何
一边在华尔街过着纸醉金迷的生活,大肆敛财,纵情酒色,一边通过

性、毒品和白领犯罪赚取数百万美元的故事,勾勒出了一幅现代生活的狂欢景象。

这些关于奢侈的狂热画面虽然跨越了所有道德和社会礼仪的传统界线,但也体现了一种广泛存在的控制欲。自由市场和全球化催生了人们的焦虑和无力感。面对铁饭碗的一去不回,面对被木板封住的商店、倒闭的工厂、严重的环境退化,我们无能为力。现代文化的弊病似乎数不胜数。然而,不幸的是,它们是市场化进程中不可避免的一部分,可市场化进程似乎没有尽头,把我们所有人引向一条没有出路的漫漫长路。梦想成为一名CEO—— 富有、权势滔天,掌控一切——是这条绝境上一剂闪闪发光的解毒剂。CEO的存在告诉我们,梦想可以成真,即使现实生活告诉我们,这是不可能的。

将CEO视为一种文化理想,表明现代社会对"反英雄"的普遍迷恋。例如,黑手党老大、黑帮头目和毒枭等人物,挑战了以客观经济规律为基础的自由市场的技术官僚愿景。CEO是对似乎已经全面管理我们的资本主义制度的强烈反对,在一个由制度而不是由人掌控的时代里,人们希望拥有打破规则、赢得比赛的能力是可以被理解的。反英雄对充斥着新兴的新自由主义的日益强化的权力关系进行了微妙而有力的抨击。财富向最富有的1%人群转移,社会不平等根深蒂固并成为一个明显不可改变的"生活事实",都反映出人们对资本主义精英统治设想感到越来越不安。

乍一看,CEO似乎也完全是这种不公平特权的化身。然而,他们仍然被标榜成楷模,不是因为公平,而是因为这个制度有活力和可变性。一位富有远见又勤奋工作的高管形象,让人误以为资本主义的最终回报可能是不平等的,但它让每个人都有平等的机会获得这些回报。因此,CEO不仅代表着我们受制于人,也代表了我们对掌控权的渴望;或者更准确地说,我们仍然有可能跻身于"宇宙之主"行列——可以掌控我们的环境并创造事件,而不是仅仅被环境和事件牵着走。即使对于大多数人而言,在很大程度上,他们不可能成为真正的商业巨头,但是每个人都可以利用自己的智慧和知识,掌握主动权,成为自己世界的主人,并从中获益。因此,2017年澳大利亚乐卓博大学宣传其MBA项目时,就迎合了学生对金钱和权力带来的舒适享受的欲望。别提什么优质的教育和为社会做贡献的机会这种目标了,因为教育的终极目标其实是另一回事。正如乐卓博大学所言:

> 如果你不在1A座位上,请阅读这篇文章
>
> 商界领袖乘坐商务舱……
>
> 我们会把你和1A座的人联系起来
>
> 这样你就能扶摇展翅九万里!

下渗式赋权

CEO是当代最高权力人物。理想情况下,CEO有能力在市场中

茁壮成长，拯救公司，并将他们的影响力传播到世界各地。他们是全球精英的一分子，是被选中的真正做重要决定的少数人。或许政客们有时会得到更多的关注，人们仍然对民主抱有炙热的激情（尤其是在选举时期），但是，众所周知，企业高管才是真正控制社会的人。CEO 的现实吸引力在于他的权力能够下渗给我们这些苦苦挣扎的芸芸众生。其实，在 CEO 社会里，最终被预言流向普通人的并不是财富，而是权力。

因此，许多希望自己变得更强大的人会视 CEO 为英雄和榜样也就不奇怪了。金宝汤公司前总裁兼 CEO 丹尼斯·莫里森曾公开表示："如果你想成为 CEO，你必须做好万般准备。"但这些工业巨头是现代阶级特权和不平等活生生的体现。他们坐在不劳而获的财富与奢华之上，向下窥视，对着自己剥削的人评头论足，指指点点。尽管他们有时确实会引起 21 世纪人们的愤怒，但也留住了许多人长久以来的钦佩之情，人们普遍认为 CEO 已发现在现代社会获得成功的秘诀。现代书店的书架上、杂志上到处都是 CEO 的建议，说是能帮助各行各业的人实现他们的任何目标。无论是唐纳德·特朗普还是杰克·韦尔奇，他们所著的关于商界成功的书籍都是最明显的例子，但还不止这些，Patriarch Organization 的 CEO 兼董事长埃里克·希弗教你如何在50 岁时还能保持健硕的身材，能量棒品牌 Clif Bar 前 CEO 雪柔·麦克劳夫林则就成功商人如何才能拥有幸福婚姻给出了一些睿智的建议。

显然，成功的公式有很多，不能归结为某一个。成功是关于如何提高生产力和效率的大杂烩，涉及范围广泛，有培养好习惯这种相当陈腐的想法，也有更神秘的说法，比如世间存在一个"秘密"，可以打开你实现自己视若珍宝的愿望的大门。这类指导的实际内容其实并不重要，重要的是，要相信它们包含真正的智慧，能够洞穿当今自由市场的本质，使读者可以按照自己的意愿来塑造自由市场。

偶像化CEO的过程中存在一种潜在的平等主义假设。正如前面所提到的，只有极少数人才能爬上资本主义这座大山的顶峰，成为它的VIP之一，但如何做到却是所有愿意付出、所有听得进话的人都能获得的知识。企业高管的专制被转化为一种赋权的自救文化，其中，通往权力和成功的唯一障碍就是自己。尽管个别高管可能自私自利、剥削他人，他所代表的体系也可能对社会的经济问题难辞其咎，但他们的"智慧"是毋庸置疑的。忽视这种智慧是愚蠢的表现，因为它提供了一条清晰明朗的道路，可以通向更美好、更充实的生活。至少，这是CEO社会的说法。CEO社会的特征是手段和生产力的市场价值，反过来又成了一种主导的资源，决定什么样的人才是干实事的人。

自由市场世界似乎越来越令人费解，CEO作为征服它的神秘技术的传播者，一直在挑逗我们的神经。但是这种被投射出来，而最终不过是错误的CEO的伟大形象，掩盖了一个太过人性化的现实，即它

无法实现如此惊人的承诺。然而,这一承诺不仅源于CEO自身的傲慢,还成为新的政府形式的构成部分。传统上,新自由主义被认为服务于"小型政府",其特征是公共部门的撤退和福利国家的缓慢消亡。它鼓吹市场化、私有化和金融化固有的且包罗万象的价值观。尽管这种解读令人信服,但它有可能忽视政府在维持CEO社会的超资本主义秩序方面的重要作用。具体来说就是,政府的职能是向一般民众传播市场知识。文化和政治理论家杰里米·吉尔伯特有预见性地说:

> 为了鼓励公民进行特定类型的创业、竞争和商业行为,(新自由主义)支持政府蓄意干预,这最终是为了进行人口管理,以培养历来被自由主义传统认为是人类文明的自然条件且不会因政府干预而被扭曲的行为,即具备个人主义、竞争性、占有性和创业性的行为。

目前来讲,新自由主义在培养渴望获得CEO式权力的人方面也发挥了至关重要的作用。这揭示了当今自由市场明显的殖民特征。人们批评资本主义的地方主要是它如饥似渴地寻找新的开发市场,致力于无限的、不断的扩展,寻求从新地方、新人和新产品中获利。这种扩张,特别是在现代,也被推向了人的内部世界,以使主体在其生命的所有领域中拥有主观性。CEO现在不仅征服了外部世界,也征服了内部世界。逐渐地,他们必须把自己的意识形态传播到生活的各个角落,唤醒潜藏在我们每个人内心的那个成功的CEO。如果有了适当的建议,你就能找到"你身上的CEO",可以"发现你潜藏的目标,直面你的恐惧,发挥你的优势,推着自己走向美好的未来"。

如今,CEO的重要性已经超越了任何一个有魅力的人物。CEO成了这个世界上存在与行动的最彻底的方式。在这方面,它是存在的真正方式。最重要也是越来越占主流的观点是,无论任何问题,它都可以通过决断和手段来解决。例如,当运动服装公司安德玛的前CEO凯文·普兰克想称赞唐纳德·特朗普担任总统时,他没有把重点放在特朗普的政治才能、外交技巧或政治经验上,相反,他认为,"拥有这样一位亲商的总统对我们国家来说是一笔实实在在的财富……他想要成就伟业,他想做出大胆的决定,想要果断坚决"。

普兰克的溢美之词背后,隐藏着一种观点:在一个支离破碎、瞬息万变的文化环境中,决断能给个人带来安全感。CEO合理性的日益突出,是奠定和捍卫个人地位的一个常数。从这方面讲,在CEO社会里,我们不断地参与"一个永无止境的整合过程,在这个过程中,人们在各种社会关系中'塑造'和'重塑'自己"。我们并不是直接将自己与他人联系在一起,而是通过"我们文化里的物质"每时每刻的整合,将彼此作为一般道德秩序的一部分进行互动,尽管一般道德秩序总是在变,而且混乱不已。通过这种自吹自擂而又睿智的CEO智慧,我们或许会认为,我们获得了实质性的工具,可以根据我们自己的具

体情况和抱负来调整现实。

尽管 CEO 手握大权,也越来越流行,但并不是所有人都崇拜 CEO。像 2015 年上映的《大空头》(*The Big Short*)等电影就毫不掩饰地讽刺了所谓无所不知、大权独揽的金融高管,把他们描绘成无能之辈——对自己所统治的复杂金融世界知之甚少,没意识到应该为自己造成的经济灾难负责。更狠的是,电影把他们被描绘成一群贪婪的寄生虫——一群为了在短期内增加自己的财富不惜给世界带来末日的人。在现实生活中,马丁·施克莱里在 2015 年一夜之间将救命药物的价格提高了 50 倍,这就是将利润凌驾于人之上的活生生的例子。

虽然人们已经意识到 CEO 穷凶极恶的一面,但想成为一名 CEO 的愿望仍然可以追溯到经济、文化、政治和人际关系等各种领域,尤其是过去几十年,全球对工商管理教育的需求出现爆炸式增长。从更大范围来看,管理主义继续被作为一种应用意识形态延续下去——一套重塑社会关系的"赋权"技术,为将 CEO 的理念付诸实践提供契机。任何事情,无论是为人父母、获得教育还是管理政府都可以也应该变得更有竞争力、更有效率。无论你生活得怎样,CEO 社会教导我们的是:更专注、更笃定、更有手段总是好的,成为赢家总是好的。每一个时刻,每一次遭遇,每一个阻碍,都可以被看作是我们成为更好的 CEO 的良机。尽管全球战争不断,意识形态极端主义抬头，危机此起彼伏，但社会已经改变，CEO 这种理念已经成了一股重要的社会力量，即使个别的商业巨头可能会受到谴责，整体的 CEO 智慧仍然大有影响力。如果我们愿意拥抱 CEO 的生活方式，那么我们都可以成为人生赢家。

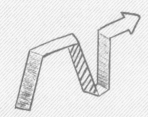

第 三 章

在高管经济中竞争

CEO是经济中的核心人物，这样的主流观点已经根深蒂固，以至于对许多人来说，这是毋庸置疑的。创新、果断、必要时冷酷无情，CEO的这种文化形象，即使没有日益成为现代组织领导的唯一观点，那也是主要观点。然而，这种公认的形象并不是对现状一种不痛不痒或直截了当的描述，而是通过它所回避和模糊的东西使CEO们获得了信任。尤其是，当代CEO的文化理想不在公众价值观范畴内。公众价值观现在被认为是过时的。的确，即使人们发现CEO的威权形象在道德上令人反感，但在这个残酷的"狗咬狗"的商业世界里，这种领导仍被普遍认为是必要的。按照这种思维方式，商业就像武装作战，雄心勃勃的经理人建议你"向敌人宣战"时，要"制造一种你很不好惹的形象"。

CEO社会通过经济上的幻想来展现自己。这种幻想支持CEO，认为他们能够单枪匹马地带领公司和国家走向金融界的"应许之地"。

CEO 被誉为现代金融和工业的领袖,他们的使命是带领企业渡过波澜激荡的市场,这与当代经济由非凡且强大的个人所塑造的愿望存在利害关系,以至于所有其他经济参与者(如工人和消费者)都沦为别人故事中的小角色。在 CEO 社会里,所有人的自由、潜力和价值都有可能被投资在某一个有能力掌控复杂商业局势的人身上。

虽然 CEO 是时代的杰出经济人物已成事实,但如我们在前一章所探讨的那样,他们集崇拜和反感于一身也是事实,CEO 社会的存在并不意味着每个人都能接受它的本质。CEO 因其攀上商业成功顶峰的能力而受到尊重,但他们不劳而获的特权让人们义愤填膺。崇拜也好,反感也罢,都反映了一种市场赋权的形式,这种权力说是所有人都能获得,但只有少数人才能够实现。这就是为什么对许多人来说,CEO 确实是一个值得努力追求的理想,是令人沮丧的新自由主义秩序中的影响力和权力的缩影。正因为如此,至少对支持 CEO 社会的人来说,CEO 社会的另一面是一种高管经济,其中,所有的权力和影响力都被投资给高层,以至于我们其余的人都在 CEO 的摆布下苦苦挣扎。本章的重点是探究高管经济的特点,特别关注的是当 CEO 权力的幻想与经济生活的现实相碰撞时,高管经济所包含的矛盾。

CEO 经济的微观世界

CEO 将资本主义精英统治的意识形态假设人格化,支持一种个人主义逻辑，即市场公平地奖励那些最值得拥有它的人，即使他们面临诸多阻碍。2017年，当澳大利亚航空公司CEO、爱尔兰工人阶级家庭出身的艾伦·乔伊斯荣获大名鼎鼎的女王生日勋章时，他宣布：

> 这对澳大利亚来说是一个盛赞，因为它表明澳大利亚是一个真正的精英国家。一位21年前来到这里的爱尔兰移民能够掌舵像澳航这样的标志性品牌，并获得授勋名单上最高的荣誉之一，这充分表明了这个国家是多么热情、开放和美妙。

人们认为即使在严重的不平等与不正当的特权中，竞争也能确保只有最优秀、最勤奋的人才能成功，正是这种信念支撑着适者生存的幻想。人们自然会认为，如果大公司或大学不给世界上最优秀的个人支付行价，那么它们绝不可能存活下来，更不用说繁荣发展了。当人们质疑高管的薪酬高得离谱时，这正是高管们抛出来的借口。如麦肯锡咨询公司的艾德·迈克尔、海伦·汉德菲尔德·琼斯和贝丝·阿克塞尔罗德所宣传的那样，为了成功，企业需要与竞争对手展开一场"人才争夺战"，这才是最重要的武器，所以公司高层的薪资水平才高得不合理。这一理念诞生于20世纪90年代末，自那以后，精英全球劳动力市场出现，其操纵者能够确定谁能（以及谁不能）获得高级职位。公平吗？不，相反，它导致了一个"新男孩网络"的建立，这个网络在赋予少数人权力的同时剥夺了多数人的权力。

有人认为,这些人之所以在高层是因为他们最有才华,但 CEO 究竟是如何获得并保持精英地位的事实,挑战了这种想法。目前的经济体系被批为寡头政治而非精英统治,人们深以为然,而且他们普遍认为,权力掌握在极少数人手中。马丁·吉伦斯和本杰明·佩奇教授在 2014 年一项关于当代美国政治的研究中指出:

> 美国人确实享有民主治理的许多核心权利,比如定期选举、言论和结社自由,以及广泛的(如果仍有争议)选举权。但是,我们相信,如果政策的制定是由实力雄厚的商业组织和少数富裕的美国人主导的,那么美国作为一个民主社会的地位就会受到严重威胁。

CEO 是精英主义的核心部分,虽然他们的高层地位既使他们成为政治攻击的对象,也使他们成为学习的榜样,但他们对我们的经济和政治仍然发挥重要作用。

对 CEO 及精英主义的长期批评,恰恰是其影响力和普遍性的证明。CEO 对立观点的基础是一种个性化的市场逻辑:CEO 必须是有价值的,否则市场不会付给他们这么高的薪水。这符合仍在流行的新自由主义公理,即尽管自由市场可能不平等,但不一定不公平。进一步说就是企业根本无力继续雇用那些对利润没有贡献的员工。换句话说,如果我们要有一个精英市场体系,不平等是必要的。

仔细研究后,竞争优势所勾勒的海市蜃楼就会消失。尤其是在获得 CEO 职位的过程中,人脉被证明与个人努力占有同样的地位。社会学家杰拉尔德·戴维斯曾描述过"企业精英的微观世界",在这个微观世界里,顶级企业之间现有的关系让高管们得以留住自己的特权地位。简而言之,那些雇人的人最终雇用的是和他们一样的人。

这种串通一气的行为并没有给 CEO 这个自卖自夸的职位带来负面影响,相反,它已被普遍转化为一种极具市场价值的能力,即利用人脉建立盈利伙伴关系,这被认为是任何一位领导者履历中都不可或缺的一部分。正如纽约证券交易所前主席汤姆·法利 2015 年在《财富》(*Fortune*)杂志上所说的那样:"当我回想自己的职业生涯时,我所做的每一份工作都要归功于我的人脉。"在寡头时代,人们所能拥有的最有价值的商品似乎就是寡头地位和寡头朋友。这也揭示了一个以社会关系、文化资本和互相照应为基础的非竞争性市场。

高管权力

新自由主义竞争思想的核心是,精英主义的社会风气使不平等成为合理的存在。如果把世界看作是自私的个体之间的一种竞争形式,那么就会有赢家和输家,用经济学的话讲就是富人和穷人。竞争被视为一种自然秩序,而从伦理上讲,重要的不是结果,而是比赛是否公平,从而能将胜利的战利品合法化。在 CEO 社会里,"富人"和

"穷人"之间的差距非但不是什么值得哀叹或消除的东西,反而被认为是激励个人提升自我的必要社会条件,而且被默认为是为社会和经济做出贡献的必要条件。

　　企业在社会、政治和经济生活中的影响力日益增强,与"生活是一场竞争游戏,参与其中的人可以被视为赢家或输家"的观点之间有盘根错节的关系。现代资本主义颂扬私人企业,将之与勤奋努力、自力更生、靠自己的力量一路爬到顶端的人物形象联系在一起,当然,现实是截然不同的。真实情况是,操纵我们的选择和经济命运的无名傀儡师——大公司,才是社会的主导。摩根大通、丰田、沃尔玛和埃克森美孚等各种各样的企业在世界舞台上占据着至高无上的地位,它们以复杂的利维坦式机构的形式存在,其绝对权力只与其绝对复杂性相匹配。被扔进这种复杂性里的个人开始其充满竞争的生活,在这个世界里,游戏规则和授予赢家的战利品越来越由企业来决定,所以个人必须具备好胜心,至少尽最大努力获胜。

　　推动新自由主义及其催生的CEO社会的个人竞争价值观,与福利国家所倡导和推崇的集体社会价值观截然相反。其结果正如著名社会学家齐格蒙·鲍曼所描述的那样,"公民现在被抛弃,罹落于彼此之间的钩心斗角中,同时要对与并非自己造成的逆境做斗争的结果负全部责任"。这种企业式竞争的核心是一种相当深刻的紧张关系。从某种意义上说,这是人文主义的一种形式,因为它把个人视为自我控制的中心，总是想方设法实现自己的利益，无论这个人是企业家、消费者还是员工，情况都是如此。除此之外，个人被构建为一个独特的信息点，在大数据的洪流中被收集、分析和利用。个体是偏好可以被预测和实现的客户，人员分析可以跟踪和规划职业发展。我们的资本主义本身也不是由财务账本决定的，而是通过大数据算法决定的。它反映了社会学家和哲学家毛里齐奥·拉扎拉托所称的"从有意识的服从到无意识的'机械奴役'的转变"，其中，人作为"一个螺丝钉、一个螺丝帽、一个'商业'和'金融'组合中的组成部分"而存在。为此，拉扎拉托认为，身处这种经济体系中的人，与其说是做出明智选择的理性主体，不如说他的选择是由一个几乎不可能被理解的体系所定义的。这带来的讽刺便是，在当前的新自由主义条件下，个人被视为理性能动性的独立容器的同时，又被监视和计算技术抽象为被动可控因子。

这揭示了一种非人化的重要体验，就像亚马逊苏格兰仓库的工人一样，过度的监控让他们感觉自己必须"像机器人一样工作"，同时又"对职业安全感到多疑"，并因请病假而受到惩罚。与此同时，社交媒体通过算法来过滤我们的细节信息，使定向广告能够诱使我们追求量身定制的、用数学方法决定的生活。这将人们置于一个由监控技术、社交媒体和一系列不断更新的数据集所构成的虚拟世界中。继拉扎拉托之后，政治经济学家威尔·戴维斯提出，新自由主义的作用是"模拟并预先产生一个尚不存在的现实，一个仅在虚拟中存在的

现实",但又将自己呈现为具体且不容置疑的现实。正如戴维斯所生动描述的那样,21世纪经济的愿景是:

> 因此,被价格数据屏幕包围的交易员,并不是观看某些虚拟现实的符号的主体,而是电信和信息处理器在现实中的代理。他在这一过程中是做出了一些决策,但这些决策不是基于有意识的反思或深思熟虑等"客观"因素,而是一个包括了员工的行为、身体和大脑的系统的结果。

现代社会的生存恐惧已经从"老大哥"演变为"大数据"了。

正如我们在第二章中探讨的那样,CEO作为理想化的文化人物的崛起,在很大程度上是对当代信息和通信技术所带来的人性毁灭的一种反应。CEO是一个与极端和独家代理联系在一起的人物,因此被定位为数字非人性化的对立面。脸书或许会收集你的年龄、恋爱史或政治观点等私人细节,以便进行有针对性的广告宣传,将你归类为某个"类型",但马克·扎克伯格仍然给人一种较为真实的个人的印象。作为一个值得效仿的英雄,CEO体现了从经济压迫和无定形的数字化机构控制中解放出来的个人自由。在这些非人性化的现实中,高管是一个有魅力的例外,我们看到的是一个仍然具有自我决定能力的活生生的人。CEO是一个能够突破机构繁文缛节和生活的"机械奴役",去行使真正权力和影响力的人。这种高管权力象征着一种可能性,即无论希望多渺茫,我们仍能在一个经济世界中有意识地铺排自己的命运,尽管可能性越来越小。

随着资本主义国家越来越被视为企业利益和欲望的傀儡,企业影响力及其支配地位的上升也得益于政府的作用,更正式地说,有利于大企业的政策的实施同良好的政治治理休戚相关就是最好的证明,其影响就是公司利益的地位日益被巩固,政治创新被阉割,如国际研究员莫滕·博厄斯和德斯蒙德·麦克尼尔所解释的那样:

> 强大的国家(尤其是美国),强大的组织(如国际货币基金
> 组织),甚至可能是强大的学科(如经济学)主要通过"框架"来
> 行使它们的权力:这是为了限制潜在的激进思想成功闹革命。

这种框架使代表企业主要利益的价值观——如竞争、个性、自力更生、独立、贪婪和私利——变得正常和自然。此外,正是在CEO社会中,政府和其他政治机构将企业权力的上升常态化,同时通过"小政府"的咒语限制自己的权力。在这方面,政治主权正在受到侵蚀,并在一定程度上被转移到企业集团和经营企业集团的经济精英手中。同样地:

> 从20世纪90年代初开始,对减少国家存在的呼吁逐渐
> 被对更好国家的呼吁所取代。这种新方法不应与回归强大

国家(凯恩斯主义或社会主义)的呼吁混为一谈。相反,它意味着对国家进行更好和更透明的治理。

企业有时不得不扮演国际恶棍的现代角色或许并不令人意外。尽管企业被官方宣传为全球经济增长和繁荣的动力,但它们也被视为进步的主要阻碍。的确,农业综合企业,能源、金融和技术等各行各业的企业都因其对社会和环境的有害影响而被点名,所有企业都要为全球的"竞次"①(race to the bottom)负责。这让各国相互竞争,以牺牲本国民众的健康和福祉为代价,吸引企业投资。在这种情况下,企业非但不是物质繁荣的引擎,反而被普遍视为寡头政治、不平等和环境破坏的肇事者。因此,2008年《联合国全球契约》(UN Global Compact)的一份文件宣称,"金融市场的全球危机引发了一系列有关企业可持续性的重要且紧急的问题……因此,在健全的道德框架基础上建立市场合法性和政治支持比以往任何时候都更为重要"。然而,即使有这样的批评,人们质疑的也不是支撑企业生存的市场资本主义体系,而是其运作的一些细节。最终,"市场合法性"仍然是一个现实和可取的目标。

理想很丰满,现实很骨感

尽管企业、企业所经营的市场以及领导企业的CEO往往被人们

---

① 译注:逐底竞赛,用以描述通过剥削劳动、耗费资源、损坏环境而达到增长的做法。

认定为权力中心和繁荣的先驱,但企业的内部往往带有一种特别的新自由主义焦虑。正因为如此,一些企业会不断面临威胁,为了成功,它们必须创新。国际竞争从未有如今这般激烈或普遍,甚至曾经最成功的公司现在也面临灭顶之灾,实际上,不少曾经红极一时的企业如今被湮没在商业洪流中,被人们遗忘。如果企业不与时俱进,就可能落得像诺基亚、百视达或柯达一样,因为跟不上技术变革而蒙受巨大损失。以百视达为例,在21世纪初,百视达的家庭电影和视频游戏租赁业务的成功推动其估值达到50亿美元。然而,由于无法适应奈飞和Rebox等公司传播的在线及点播视频新技术,百视达在2010年之后走向破产。

而且,竞争失败的威胁所引发的绩效焦虑,可能会引发以高层管理人员特有的疲倦和崩溃问题为主的危机文化。正如《华尔街日报》报道的那样,"在期望值越来越高的情况下,一些高管会感到工作疲劳,再也无法强颜欢笑了"。这并不是最近才出现的新现象,早在20世纪90年代,心理学家哈里·莱文森就注意到:

> 高管疲倦在15年前还是一个新现象,但现在不是了。如今,极端的压力感无处不在,而且越来越严重。重组、裁员和竞争加剧大大增加了职场的压力。与此同时,双职工家庭的夫妻无法为家庭投入时间和精力。20世纪90年代的社会很难找到平和安宁。

这可能只是因为,对于那些处于企业高层的人来说,高管英雄主义的文化幻想不太可能转化为现实。企业一直承受着保持竞争力和提高盈利能力的压力。除了不惜一切代价(包括掌门人的个人代价)实现短期收益最大化以外,几乎没有机会实施任何其他战略。

高管疲倦不仅是由长时间的工作和巨大的工作压力造成的,还是由对工作的过度认同引起的,高管疲倦的存在反映了21世纪自由市场的一般特征。人们普遍认为企业是全球的征服者,这种看法与我们对自己的权力被剥夺和被束缚的强烈妄想不谋而合。这种妄想表现为愤世嫉俗、疲惫、失眠、丧失自尊和抑郁等症状。近年来,情况进一步恶化,这些症状不再仅仅局限在高管身上,而是扩散到了所有员工中。当今职场普遍存在的文化是工作狂文化,你可能从早上9点工作到下午5点就能拿到薪水,但如果你想升职,你还必须从下午5点工作到晚上9点,而且一周工作7天。这种压力一直存在,压迫着劳动人民。例如,一位前优步员工说,在优步这家科技公司工作意味着"我要随时待命……周末我都会收到短信。晚上11点都会收到邮件,如果30分钟内不回复,就会有约20个人因连锁反应受影响。"

正如我们在第二章中所讨论的那样,资本主义和资本家的传统形象是吸血鬼,他们对剥削工人和新市场有着不可抑制的渴望。马克思一针见血,将资本描述为吸吮劳动之血的吸血鬼,每一个受害者"只是稍稍满足了吸血鬼对劳动活血的渴望"。然而,在当前背景下,更准确的说法可能是,企业全球化是弗兰肯斯坦①创造的怪物:企业可能已经变成社会无法控制的丑陋畸形的怪物,毫不关心其创造者——人类——的福祉。尽管有着巨大的影响力,但凶残的企业几乎没有明显的主动性,同它们为达到自己的目的而无情利用的劳苦大众一样,都被困在了一个陷阱中:要么挣钱,要么死。更令人不安的是,CEO社会市场束缚的特征是不可避免的。我们似乎再也无法对抗或改变这个怪物,因为它不惜任何代价(当然也包括人类付出的代价)追求股票价值和利润最大化。从经济顶层到底层的每个人都必须平等地接受它的要求,并为它的欲望效命。

组织理论家安德烈·斯派塞和彼得·弗莱明在研究将以竞争性市场为导向的实践引入澳大利亚国家公共广播机构时指出:

> 高级管理人员战略性地利用全球化学说,从而将竞争性
> 合同和商业化等变成合法的管理倡议。这些实践所围绕的
> 全球化学说依赖于必然性、外部压力和组织生存的修辞。

自由市场的这种特征已经有了自己的生命力,通过被塑造成现代社会中一个不可避免和不可改变的事实,它一直是一种授权组织变革的手段。没有任何一家企业,无论愿意与否,能够阻止激烈的市

---

① 译注:弗兰肯斯坦源自英国作家玛丽·雪莱创作的长篇科幻小说《科学怪人》,他是小说的主人公,一个通过实验创造了怪物的科学家。

场化浪潮和无休止的竞争——它们必须回应。新自由主义文化中充斥着对市场无能为力的假设,CEO神话与这种假定密不可分,如此一来,CEO超越了不如人意的组织生活的现状,成为同时回应和控制现实的人物。

之所以雇用和提拔CEO,是因为他们是唯一能够有效驯服和塑造市场,从而为自己所领导的公司谋利的人,至少在理想形式下是这样的。在董事会议上,他们以策划者的身份出现,给公司带来必要的变革,使公司的竞争力最大化。CEO经济功能的核心是一个设想:他们在塑造企业愿景、成为必要创新的催化剂方面发挥着主要作用。CEO就像漫画书里的超级英雄,他们被描绘成变革者和创造者,在跨越全球城市中心商业区的高楼大厦时,他们突破了市场的不可预测性和股东的不确定性。他们也是企业在竞争激烈的现代资本主义商业环境中生存所必需的"经济正确性"的主要推动者。

本着这种精神,公司高管不仅被定位为领导者,还是名副其实的企业救星,更被吹捧为拥有为公司扭转乾坤的智慧和资金的人。这是一种即使现实必将辜负幻想时仍然占主流地位的强悍形象。商业记者梅根·麦卡德尔在《大西洋月刊》(The Atlantic)上撰文澄清道:

> CEO往往是帝国的缔造者,他们挥霍留存收益,稀释股票价值,以便进行可疑的企业收购。或者,他们迷恋于那些

成功概率很低的白日梦项目——但如果日出西山，河水逆流，那这些项目可能会巩固 CEO 作为一个不可估量的天才的声誉。

无时无刻不在的变化降低了 CEO 平庸的可能性，与其说这种变化是一种克服市场真正威胁的手段，不如说是为了强调即将到任的高管的重要性。这些领导人目前的巨额薪酬，以及向股东和员工证明这些支出的必要性，更说明强调变化是为了强调高管的重要性。尽管如此，CEO 仍然被描绘成英雄人物，他是企业这艘巨轮的船长，无畏地带领着巨轮在狂风大作的全球资本主义汹涌的大海中航行，时刻警惕着在这场无止境的寻宝竞赛中可能遭到的穷凶极恶的船只的攻击。

所有这些都是将 CEO 捧为当代英雄的文化基础。他们不仅仅是富有、振奋人心的名人，更 重要的是，人们将他们想象成能够按照自己的愿望塑造世界的人。他们身负一种力量，能够透过日益零散和复杂的市场的迷雾，从而改变现状，并得到他们自己追求的东西。在一个经济无力的时代，CEO 代表了一个令人信服的经济实力愿景。难怪即使是疲惫不堪的高管也会幻想着不辜负 CEO 那被夸大的形象。

CEO(式)的幻想

CEO的魅力远不在于他们因为财富或更高的地位而被尊崇。正如我们一直在探讨的那样,他们是人类在面对非人化的市场和技术规则时继续发挥能动性和影响力的象征。他们的力量在于,他们被认为具有独特的能力,能够指引自己走向理想,在这个过程中,他们按照自己的愿望塑造了这个看似随心所欲又无政府的资本主义世界。从文化角度讲,CEO被认为是仍然拥有自由意志的真正的人。

CEO是原本极度去人性化的现代公司权威体系的公众形象。世界各地的人们每天都面对着自己无法掌控的大企业,这方面的例子数不胜数:从试图协商提高工资或待遇时的无能为力,到因为无法阻止企业破坏社区环境而产生的挫败感,再到所有通信渠道都被广告狂轰滥炸……人们会产生"公司掌握着所有的权力,而人几乎没有任何权力"的想法也是无可厚非的。这种挫败感在与公司员工的日常人际交往中表现得更为明显。你的部门经理说很抱歉你这周末要加班,你就必须赶在截止日期前完成工作。运营商为耽搁你、不能帮助你而真诚地道歉,但程序必须得走。政客们很抱歉他们不能改善环境、加强劳工保护,但这只是为了吸引企业投资。

不管怎么样,只要CEO愿意,他就能有效地改变现状,这便是21世纪赋权的与众不同的幻想。因此,CEO的吸引力很大程度上在于

他们拥有权力和自由,这是一种无法抗拒的吸引力。正如评论员鲁思·桑德兰在《卫报》上所说:

> 一方面,商人得到的崇拜与他们的实际成就不成比例;另一方面,他们因所领导的公司失败而承受的责备也与实际责任不成比例。人类的原始冲动使他们寻找强有力的领导人,并追捕那些被视为对社会构成威胁的人。

这也意味着,如果某位CEO失败了,CEO幻想还会继续存在——这只能说明是某个人不够好,没能实现幻想。无论是世通公司的伯纳德·埃伯斯因共谋和欺诈被判入狱,还是凯马特的查克·科纳韦在2009年因误导投资者被定罪,人们对CEO抱有的坚定信念似乎能够经受住任何丑闻。这符合CEO的不切实际的特点。从这个意义上说,幻想是人们努力追求的理想,也是他们理想化身份的一个锚。被偶像化的CEO是以市场理性的现代经济幻想为基础的。对于那些愿意为了成功而变得足智多谋、冷酷无情的人来说,"一切皆有可能"。此外,这种理想化的可能性使人们更容易接受不平等、剥削和控制,因为人们相信,等到未来某个未知的节点,情况会有所改变。真正的CEO"赢家"的存在,是维持这种幻想的必要条件。因此,要把CEO塑造成一名特别理性、高效、上进的社会成员,他得到的回报与自己的付出相匹配,而不是一个在受人操纵的资本主义游戏中的特权人物,或一个配不上自己所得到的回报的人物。

2004年开始播出的广受欢迎的《学徒》等国际真人秀节目只会强化这种幻想。所以,在这样的真人秀电视节目中,选手们都在竞争与成功CEO接触的机会,希望触摸到CEO那有象征意义的服饰后就能变得像他们一样。参赛者的组织逻辑,以及曾经被剔除的观众的组织逻辑是:

> 如果我和唐纳德·特朗普(美国版《学徒》的前主持人)合作,我离成为他那样的人就更近一步了。由于人们的嫉妒心颂扬了那些今天嫉妒别人,但通过努力工作,明天被别人嫉妒的人,所以企业利用这种嫉妒心有效地"抓住"员工,承诺员工未来会获得自由与尊重。

比尔·兰西奇是美国《学徒》第一季的冠军,多年后他说:"唐纳德·特朗普显然改变了我的生活……他对我很好。他是个谈判高手,懂商业,了解世界的运作方式。他的恩情,我没齿难忘。"

CEO不仅仅是物质财富和社会地位的象征,还完美地代表当今道德和正义的最高境界。在金融危机和企业丑闻的历史背景下,人们对一个理性、公正和睿智的"好老板"的渴望仍然根深蒂固,虽然这听起来可能有些荒谬,但事实就是这样。英国《独立报》前商业编辑大卫·普罗瑟在评论"CEO崇拜"时写道:

我们总是更认同大公司背后的人，而不是公司本身。人类的本能是了解别人的故事，而不是一个没有面孔的公司……然而，在21世纪，个性化的需求似乎变得更加迫切。这也不是没有原因的，首先，虽然相关要求可能没有达标，但公平地说，责任制和问责制是商业世界有史以来最重要的主题，人类需要接受这些义务。

高管们的不当行为影响到了人们对CEO的幻想，带来了普遍的失望情绪，需要通过重振对"好"的经济主权的渴望来缓解这种情绪。回想2014年，英国合作银行前董事长保罗·弗劳尔斯被拍到参与一场看上去像是可卡因和甲基苯丙胺的毒品交易，再加上将他在经济上的无能与不检点的私生活联系在一起的指控，导致了他的倒台。当然，这并没有损害企业高管群体的声誉。相反，弗劳尔斯因本不是当高管的料，一开始就不应该被聘用而遭毁谤。CEO所代表的理想没有受到一丁点玷污——而弗劳尔斯只是一个没有能力实现这一理想的人。正如当时的英国首相戴维·卡梅伦所言，我们首先应该问的是"为什么弗劳尔斯当时被认为适合担任一家银行的董事长"。

在一个日益技术化、残酷化和复杂化的经济环境中，CEO代表着人类独立做决定的可能性。任何辜负这种形象的行为都是某个个体的失败，不代表CEO幻想有裂痕。那些似乎摆脱了危险而迷乱的金融体制的枷锁，开辟了自己的前进道路的人，才是名副其实的CEO。

他们是"宇宙之主",也是自己命运的主人。他们已经在残酷竞争中征服了他们面前的一切,最终苦尽甘来,得到应有的回报,并在适当的时候伸张正义。在CEO的世界里,只有适者才能生存。

执行的自由

有一种颇具吸引力的现代观点认为,CEO是全能的,是因其智慧和商业头脑而受到公众欢迎的人物。当然,正如我们一直在探索的那样,CEO的现状及社会对他们的态度,并不像一种表现形式单一的理想化幻想那样一目了然。公众对CEO享有特权感到愤怒,谴责他们的不当行为,两种情绪交织在一起,使CEO具有双重公众形象,公众对他们又爱又恨,这也就提出了一个更为根本的问题。既然高层管理人员在实践中手段卑鄙无下限,那么是什么让大众(其中许多人是被高管尽情利用的对象)仍然认为他们魅力无限呢?

面对这一明显的矛盾,物质嫉妒的解释已经回答不了这个问题,我们必须深入思考。有人认为人们心存嫉妒地渴望成为CEO这种经济和社会领域的"强者",这种想法没有抓住CEO的根本吸引力。仔细研究一下,这种吸引力可以追溯到经济自由主义本身最初期的承诺。当代,自由市场常常被认为生性本善。毫无疑问,它被视为最好、最现实的经济模式,是那种"没有更好的选择"的经济模式。20世纪后期,尤其是受美国罗纳德·里根和英国玛格丽特·撒切尔的推广和宣传,人们认为自由市场及其所谓的企业精神是突破官僚主义的一个手段,是一个以顺其自然而不是刻意为之的方式"干实事"的手段,所以才被推广开来。的确,这是弗里德里希·哈耶克在1944年提出的自由主义的核心,20世纪七八十年代,保守派政界人士对这种自由主义充满了热情。

哈耶克认为繁荣只能来自市场经济,国家经济计划会导致暴政,这一观点与冷战逻辑遥相呼应。冷战逻辑将苏联的中央计划与以自由企业为基础的经济组织对立起来,以自由企业为基础的经济组织被认为更具有优越性,其发展是大势所趋。单纯实行计划经济体制的组织被描述成效率低下、一潭死水的官僚机构,急需市场改革。人们曾预言,引入市场化将精简这些烦琐的机构,并创造出一种更灵敏、更有效的社会体系。这被系统地转化为对"后官僚主义"的褒奖,认为这是企业为适应新自由主义下日益激烈的竞争而采用的更灵活、更灵敏的方式。自20世纪80年代开始被社会广泛接受的后官僚主义,其目的是产生新的组织,"新组织的结构要能提高灵活性,与传统官僚组织相比,繁文缛节更少,权力下放程度更高"。

后官僚主义被定位为一种彻底的变革,它将从根本上改善企业和公共组织的运营,即使这种变革实际上永远无法兑现这种具有颠覆性的诺言。但是重要的是,新的经济秩序从一开始就具有深刻和持久的道德感。后官僚主义的发展不仅会提高组织的效率,而且会

提高组织的能力,使人们能够又快又好地完成自己的工作。正如商学院教授克里斯蒂安·马拉维利亚斯所说,后官僚主义是:

> 一种与官僚主义遗产截然不同的组织形式。从灵活性的角度来讲,后官僚主义被认为是把个体从官僚主义的约束中解放出来,把他们安排在有机的和流动的网络中。

后官僚主义不仅吸引了崇尚升职加薪的市场理性人士,还反映了大众对机构的渴望,这些机构不会被繁文缛节所拖垮,也不会对个人需求无动于衷。这种许诺不就是自由吗!

CEO是这一最初的后官僚主义和新自由主义承诺的化身。当代的CEO使企业人格化,创建灵活有效而非一味固执、最终徒劳无功的企业。通用电气前CEO杰克·韦尔奇很大限度上是一个当今理想化CEO在20世纪90年代的原型,他坦率地表示:"人们说,既然苏联已经破产,我们就没有真正危险的敌人了。他们错了。苏联打不败我们,但官僚主义和官僚仍然可以在经济上击垮我们。"韦尔奇等CEO以其果断和执行力而闻名。把官僚机构想象成一个没有灵魂的体系,其规则和程序阻碍了人类发挥创造力和主权意志,还有什么是比这更强的敌人呢?人们认为CEO高瞻远瞩,是有"远见卓识"的人,想问题总是能跳出思维框架,从不受制于盲目的传统或繁杂的程序。他们被塑造成一个天生就要打破规则的形象,坚决反对那些阻止他及他人"干实事"的"现有的办事方式",这种极其独立和反官僚主义的CEO形象代表了一种能动性和自由,充分体现了高管的价值观,即决心、生产力,以及最重要的行使自由意志的权力和能力。

值得注意的是,不同的文化在不同的历史节点上,会在众多自由的形式中特别青睐某一种。根据文化人类学家雪莉·奥特纳的观点,每种文化、每种亚文化、每个历史时刻,都有自己的能动形式,有制定自我反思和思考世界的流程的模式,以及根据反思与思考的结果采取相应行动的模式。在CEO社会中,最受推崇的能动形式是找到新颖的竞争和取胜方式,以及提高效率和效力的方式。能够以有效地挑战传统、简化流程并将愿望转化为现实的方式,去构思并落实某个策略,这种能力是最受人尊敬的。

显然,这种执行能动性是对更深层次的资本主义世界观的补充。在当代社会中,正是对新事物的痴迷,对为实现利润最大化而进行创新的这种自由的鼓励,体现了长期存在的"进步幻想",即一种将新奇确立为美德、将传统确立为软肋的对新事物的执着。为不断增长的能动性和新鲜感而奋斗的目的,仅仅是为了积累越来越多的权力与财富,以及越来越高的地位。新自由主义对权力的渴望既是客观的,也是相对的,是一种对财富、奢华以及影响力的不可抑制的渴望。然而,这也是一场病态的竞争,一场永远要战胜对手的游戏。衡量成功的标准,不仅要看你自己的胜利,还要看你对手的损失。这也包括一

种变态的兴奋感：当你向更高的经济和社会权力迈进时，你有权对别人说"你被解雇了"。

CEO社会完全被自由市场价值观所渗透。这些价值观坚持认为，至善就是在保持体面和道德的同时，最具剥削性、最狡猾、最具创新性，以及最赚钱的东西。什么正义、民主和正当程序，通通都抛到脑后吧，一切都不过是"交易的艺术"。实现这些目标的关键是企业要有有利的特质，如杀伐决断、坚定而有魅力的领导班子，以及冷酷无情。相比之下，与集体、权力分享、集体审议、平等和真正的多样性等相关的美德几乎完全被边缘化。高管世界被描绘成一场史诗般的人与人之间的战斗，只有强者才能茁壮成长。因此，弱者必须顺从地、毫无怨言地接受自己的命运。

正如我们已经描述的那样，执行能动性完全局限于资本主义的世界观。无论它表现得多么谦虚有礼，它都没有改变体制或游戏规则的能力。（市场竞争的）"游戏"被认为是人性和进化中不可避免的、固有的一部分，也是可取的一部分。我们英勇的CEO所享有的任何自由，都与他们在永久的市场秩序中表现得出类拔萃密不可分。CEO或许是其他员工的上司，但他们肯定不是资本主义本身的主人。鉴于他们最终必须服从资本和市场不断变化的需求，突然之间，他们的自由看起来非常虚假。因此，只有在执行他们作为CEO的决定时，才能有所谓的自由，而其他任何行为，都无自由可谈。

从一贫如洗到一夜暴富

21世纪的资本主义因其在急剧增加的经济不平等中所扮演的角色而受到一致批评。经济不平等的结果是,全球社会只剩赢家和输家,而后者的数量远远超过前者。CEO就是这种不公平的缩影;财富和成功的金字塔涵盖范围极其狭窄,而CEO则位于这个金字塔顶端。这种差距并非我们所生活于其中的超资本主义秩序的不幸副产品或意外后果;相反,它是其具体运作和社会合法化的基础。要实现高利润,经济精英必须要在文化上获得认可的同时,将自己相对于社会绝大多数人的优势最大化。企业高管让社会看到,新自由主义是如何试图克服这一根本的、表面上看无法解决的紧张关系的。

CEO是一股弥合日益扩大的平等差距的民间力量,而平等差距是CEO社会的基础。更准确地说,虽然只有少数人能与企业CEO的成就和财富相媲美,但表面上,每个人都有机会做到。结构性特权在意识形态上被一个迷人的企业巨头人物所掩盖,他足智多谋,拥有超前思维、决心和坚定的意志,这让任何人都有可能获得社会上和经济上的成功。尽管CEO拥有财富和成功,我们仍然可以同他们打成一片,因为在我们看来,他们是"真实的人",我们某一天会像他们那样成功也不是没有可能。当《你好》(Hello Magazine)杂志报道声破天(Spotify)CEO丹尼尔·埃克与索菲亚·莱万德结婚时,他们提到所有名流和其他CEO都给这对夫妻送上了新婚祝福。喜剧明星克里斯·洛克担任婚礼

主持人,布鲁诺·马尔斯是婚礼歌手。马克·扎克伯格也在现场,他在脸书上写道:"我们在意大利北部的科莫湖庆祝好友索菲亚和丹尼尔·埃克的婚礼……很多人都知道丹尼尔是伟大的欧洲企业家之一,是声破天的创始人,在我眼里,他还是一个非常好的朋友,一名尽职的父亲。"即便是最自负的CEO,终究也是实实在在、脚踏实地的人!

　　表面上看,在错综复杂的现代企业中,CEO指出了一条通往职场晋升的康庄大道。企业的"每一个员工都更有自觉性,都是更独立的组织者,他们承办一系列活动,履行自己的义务,这些事共同构成了他们的工作生涯"。尽管登上多高的巅峰不太可能,但据说,我们都可以利用高管式的技能,攀登我们自己的成功之山,无论这座山有多小。如果我们相信马克·扎克伯格这样的人本质上和我们没有什么不同,那我们登上成功之山的可能性就更大了。

　　作为商人,CEO与其他社会精英和经济精英有很大的不同,承认这一点很重要。CEO的崇高地位通常归因于他们自己的辛勤努力和天赋异禀,而不是任何受操纵的财政制度或与生俱来的文化特权。显然,现实往往表明,机会均等往好里说是海市蜃楼,往坏里说就是纯粹的欺骗。然而,我们仍能看到比尔·盖茨的文化形象,从大学辍学的他创办了微软;理查德·布兰森在学校时就开创了自己的商业帝国,在教堂的密室里经营一家唱片公司;星巴克CEO霍华德·舒尔茨在布鲁克林的穷街陋巷里长大。不管人们是否相信这些故事,这些故事所寄身的梦想是强大的。毋庸置疑的是，人们认为，CEO是"经济作物"中公认的"精华"，他们的崛起凭的只有自己的聪明才智和功劳。即便是在CEO的优越背景让他们更容易获得金钱、技能、人脉和知识的情况下，人们仍然认为，他们的崇高职位是他们应得的，也是必然的——用特朗普的话说就是："我有一个非常好的大脑。"这加强了一种观点，即成功是一种可能性，所有有能力的人都拥有这种可能性，且每个人都可以向往成功。

从广义来讲，CEO的社会地位的提升及其在CEO社会中的地位，已经把一个独特的批评点变成了经济吸引力的深层来源。根据这个逻辑，一个人在经济蛋糕中的相对份额不再是结构不平等或个人贪婪的函数，而是判断一个人道德价值的有效记分卡。这类似于人文地理学家奈杰尔·思瑞夫特所说的"快速主题"：一个人永远在努力收集"物质财富"，以确保自己能以"成功"的形象出现。这也反映了人们渴望根据"你不主宰自己的命运，别人就会主宰你"的商业信条来发挥自己的市场性。因此，经验只不过是一个借口，用来整理和充实一个人的工作经历，人的存在被简化为一个不断更新自己简历，以便在经济上取得更大的进步的生活过程。

CEO社会试图扭转资本主义制度的主要阶级矛盾。按照假定的顺序，那些处于财富金字塔底部的人将受到嘲笑和批评，要为他们的"失败"承担自己的责任。如果他们能接受高管的知识和生活方式，

成为本应该也本可以做到白手起家的人,要是他们更刻苦一些,他们的生活处境就会好很多。正如励志演说家齐格·金克拉曾经说过的那样:"你生来就是要赢的,但要成为赢家,你必须计划赢,准备赢,期待赢。"按照这种逻辑,一个人的失败完全是他自己造成的,因为他不愿意有相应的付出。因此,不平等从当前秩序的弊病转变为个人可以用来提升自我的黄金机遇。最后,如果还处于金字塔的底部,那说明这个人不配成功。财富和职业发展上的任何差距都被视为"穷人"需要更努力、更机智地工作以获得成功的信号。

在 CEO 社会里,对公司利润的不懈追求已经转变为一种个人需求,一种对成功的永不熄灭的需求。没有人敢说他百分之百会成功,没有绝对的铁饭碗,没有到顶的晋升,没有永远的成功。总会有需要克服的新挑战,需要超越的新对手,需要努力的新目标。即使成功了,人们也总是可以反思如何才能做得更快更好。如果失败了,那便是一次学习的经历,每一次进步都是通往成功的大门。标志着 CEO 社会的到来的改变,已经重新搭建了公司资本主义的基础。这些基础不再只存在于,或者说主要存在于被奉若神明的企业等级制度中,也存在于体现 CEO 作为一个凡人的神圣承诺和道德价值的救赎中。这种商业上的信心,只有在失败时才会更加坚定,因为失败为一个人的救赎奠定了基础,使人用自己辛苦积累的管理智慧重新站起来,重新奋斗。为了实现从一贫如洗到一夜暴富的新千年梦想,人们冒着风险,将生命压缩为不停的努力,纵然这些努力是必要的,但几乎不可避免的是,这些努力也都是徒劳的。

为高管经济喝彩

自由市场被认为是个人自由的终极庆典。它鼓吹人们有能力开发自己的才能,追求自己想要的幸福,并获得应得的回报。事实是,自由市场被庞大的公司、人们的从众和不当的经济特权所主导。CEO既是这种状况最明显的症状,也是最有效的解药。他既代表着一个满是不义之财的奢侈世界,同时也象征着任何人都有能力在经济上获得这种荣耀。此外,他为新自由主义提供了一种反常但却深刻的道德正当性。CEO的文化理想抓住了人们的一种心理,即人们渴望新自由主义这个系统有意义,渴望得到一个明确合理的解释来说明为什么有些人能超越普罗大众,以及渴望看到经济上不够富有的人也能收获"赢家"的成功。这就是CEO社会。

新自由主义的核心是一种竞争精神,其中,竞争对手之间为争夺霸权而进行的持续斗争将刺激创新和进步。在这个体系中,美德代表获胜,可以将自己的竞争力最大化,不断寻找新方法以获得优势。CEO社会的一个主要特点就是不断把CEO神秘化。更确切地说,正如我们已经在本章阐述的那样,要想提高CEO在公众心中的地位,需要有一个正当的理由,尤其是当地方公司丑闻和全球金融危机本应把他们从崇高的经济神坛上彻底拉下来的时候。

尽管我们有理由认为，CEO 和企业正在主导我们社会和经济生活的方方面面，但企业模式并不是唯一可用的组织形式。人们渴望在工作和日常生活中能进一步加强合作，这种渴望也正逐步挑战企业自上而下的领导方式。当然，人们不喜欢自己的老板不是一天两天了，就像人们不喜欢工作一样。不过这已经导致了各种形式的抵制，人们越来越渴望老板彻底不存在。合作社的复兴反映了人们想解雇 CEO，用民主价值观和民主行为来取代 CEO 的激进愿望，另外，人们对参与式共同预算、公开信息和问题解决方案的呼声也日益高涨。尽管这些组织形式仍处于边缘地带，但它们有可能超越当前 CEO 社会狭隘且具破坏性的限制。

从某种程度上来讲，这些组织形式所抵制的观点恰恰是：经济学领域的人类合作行为需要以 CEO 具备竞争优势的假设为基础。萦绕在 CEO 身上的创业精神的神秘光环，无论其根基扎得多深，都不是坚不可摧的。CEO 代表的所有东西中，最重要的就是希望，是日益无望的经济形势下的希望，为了抵制 CEO 社会，我们必须向其他地方寻求共同的出路。当美国运通公司 CEO 肯·切诺尔特被问到什么是领导时，他引用了拿破仑的话："领导的角色是判断现实，并给予希望。"因此，切诺尔特说，他经常问自己："我该如何构建一个愿景来激发希望，并激励人们实现具有挑战性的目标呢？"或许只有当我们找到希望，而不是寄希望于精英权威人物时，CEO 才有可能遭遇滑铁卢。

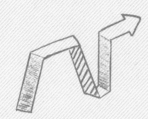

第 四 章

CEO政治家

在 CEO 社会，首席执行官不仅要做合格的企业掌门人，还要成为政治领导人的优质人选，特朗普的成功当选便是最好的佐证！特朗普在诸多方面都是一个极端的例子：从未在政坛担任过职务的他直接空降为总统，成为美国历史上第一位享受此待遇的商人。对于特朗普来说，是他自诩的所谓商业天赋成就了他。虽然他是 CEO 政治家中最成功的那一个，但他并不是这个领域的第一人。这本是一个不争的事实，直到特朗普成为共和党候选人，正式参加 2016 年总统大选，这个举动让所有人大跌眼镜。本章我们将追溯在特朗普上任之前，CEO 政治家的发展历程，从而展现出各地 CEO 在政界风生水起的图景。特朗普的当选得益于人们对 CEO 的追捧，因而在某种程度上，我们的目的是探索追捧 CEO 的热潮是如何乘势而上，席卷了社会各个角落的。

　　在 2015—2016 年的总统大选中，特朗普并不是唯一的商界参选

者。2015 年 5 月 4 日（星期一），惠普前任 CEO 卡莉·菲奥莉娜开启了她短暂的总统大选之路。卡莉是共和党首位竞选总统的女性，即便如此，团队首推的依然是她商业领袖的身份。同年 2 月，她曾宣称："惠普需要的是执行决策，总统职位亦是如此。"言外之意，她希望选民相信：掌舵惠普的她同样也能管理美国。虽然夸下了这样的海口，可她的 CEO 工作并不完美。只要在她任职期间，就会发生裁员、外包和斗争，这似乎已经成为经久不变的现象。类似的事情实在太频繁，以至于之前曾就职于惠普的一些很优秀的员工都表示：卡莉还是不要再去管理其他公司了吧，当总统就更别想了吧，太吓人了。类似的言论确实对她在商界的工作能力提出了质疑，然而他们却忽略了一个根本性问题：在商界叱咤风云的人一定能在政界大展宏图吗？特朗普的例子值得我们深思。

正如本章所提到的，这个问题的答案也折射出：在 CEO 社会，领导力、企业、民主三者之间的关系发生了变化，甚至可以说，它们的关系变得更加危险了。

政治领导与企业领导相互交汇

"领导力"一词在 21 世纪备受关注。进入 21 世纪以来，人们开始讨论一个合格的领导人所具备的品质，同时也考虑领导力所需要的社会价值。这些问题的背后折射出人们对政治责任和社会责任的观念发生了改变。

从市场价值到如今的非商业领域，人们已经达成了政治共识，同时生活中的诸多方面都日益朝经济化发展；自此，经济逐渐代替政治成为政府执政中的核心论调。社会生活中的方方面面，如教育、医疗、监狱（法律），甚至个人社会关系，都会同竞争、交流、自利和自我经济利益相关联。相反，企业在提供社会福利及社会物资方面扮演着更加活跃的角色，同时还直接参与了国际政治。鉴于以上变化，领导公共和私人机构的观点也正在被颠覆。

新自由主义推动了领导方式的变化，越来越多的企业领导人在政界崭露头角。如今，理想型的政治家需要具备一定的商业素质：高效、机敏及超强的盈利能力。

这种拥有新型的政治权力的人一度被称为"CEO总统"，此模式反映了政府的新型角色，即在动荡的国际市场中最大化地提升本国的经济竞争力。可奇怪的是，政治家们表现得像一意孤行的商业巨擘，而企业家们则奋力鼓吹他们的社会责任，同时还班门弄斧地指导政治家如何在管理国家的同时振兴经济。老板们开公司并不仅仅为了赚钱，还要为社会做贡献，如：推动环境可持续发展、促进社会正义的多样性以及创造更多的就业机会。2015年，大众集团所售的百万辆汽车安装了专门应付尾气排放检测的作弊器，从而陷入巨大的丑

闻风波。即便如此,该公司仍敢骄傲地宣称:"对大众来说,承担社会责任是公司文化的核心。"

讽刺的是,企业和政治领导权的交汇导致二者的职权发生颠倒,公私属性相互交换。在某种程度上,领导方式的尴尬现状恰恰折射出社会政治的真实情况。大众话语在塑造及加强意识形态转变方面也产生了一定的影响。这些变化体现在 CEO 社会中,就是企业领导对政治领导的重新定义和践行。新自由主义预示着要把国家功能市场化,而新的领导方式恰好加强了这一认知。这种新的趋势采用新型公共管理模式中行之有效的做法,公共服务和非营利组织会按照企业的方式运作,同时会将企业模式中的优势和普遍性延伸到国家治理中。

我们所描述的那些变化有很大的弊端。这标志着新自由主义对民主主义的进一步占领。(CEO 政治家的兴起推动了更广泛的文化变革,政府以企业为模型发展,同时还要为企业服务。)在 CEO 社会,政治家不再是人民的公仆,而要做踊跃的决策者,以提升政府的办事效率和国家的竞争力。这也体现出公共领导功能发生了更加深刻的变革:在竞争激烈的全球资本主义经济中,人们期待政治家们能维持本国经济的清偿能力。最重要的问题是,"企业化"领导模式在政界的延伸从意识形态上强化了新自由主义,却在实践中削弱了民主主义,这是如何做到的呢?此外,对这些领导方式言论的质疑,有助于创造新的机会来改变新兴的新自由主义现状。

如今，是政治家在向企业家看齐，可故事的开头恰恰相反。历史上，CEO的超凡能力都来源于政治家。社会学家马克斯·韦伯很久前曾这样定义：

> 克里斯马（charisma）式人物拥有出类拔萃的品格特征。他们拥有超自然或超人类的能力，至少具备某种卓越品质，常人鲜能企及。他们常常被神化，并被推崇为典范。这样的人被称为"领导"。

依据传统，人们主要按照共识和政策智慧来判断一个政治领导人是否合格，至少在自由民主主义的范围内是这样的。一个理想的领导人在高效制定并执行政策的同时，还能获得公民的支持。此外，联合执政及兼容并蓄的能力也与他们的成功挂钩。通常，他们会化身韦伯笔下的克里斯马式领导，同时扮演雄辩家的角色，追求特定的意识形态和政策目标。要想成功，他们必须在对手和支持者之间争取微妙的平衡，既要向对手表明自己的立场，还要密切关注选民的政治动向。

对普通人来说，政治家的成功取决于持续的选民支持率。抛开那些关于意识形态和效率判断的规范性考虑，一般认为，政治家必须

和他们的能力一样强大，才能够赢得职位。虽然有些不道德，但能在现代民主政治中闯出一条血路的政治家在某种程度上也是值得尊敬的。这反映出传统政治中的"伟人"思想。在此影响下，政治家被神化为公众的英雄，民众要怀着崇高的敬意追随伟人的脚步。现代的CEO形象塑造则效仿这一传统，商业经理不仅仅是一个高效的管理者，更是惊世骇俗的商界英雄。

克里斯马式领导在20世纪八九十年代不仅成为公司治理中的热词，其理念还渗透到新式政治中。彼时，传统政治观中的激励式共识焕发出新的生机，在以英美为代表的西方尤为如此。美国前总统比尔·克林顿和英国前首相托尼·布莱尔则成了克里斯马式领导人的典范，他们兼具克里斯马式魅力、精湛的政策制定能力和超高的民众支持率。克林顿的领导方式被称为"亲民派"。政治评论员迈克·麦卡德尔曾说道：

> 在诸多方面，比尔·克林顿都称得上是政治天才，我并不是指他善于制定政策或解决重大问题，这是顾问团的任务。比尔的高明之处在于，他擅长融入群众，仿佛每一位民众都在和他直接对话，他就是群众中的一分子。

"第三条道路"①在政治意识形态中扮演着新颖而又中立的角色，它体现出想要获胜并取得实质性社会效益的愿望，与兼容并蓄的联合政治相关联。同样重要的是，这些思想将稳健的亲市场化战略同已有的个人主义和集体主义思想觉悟相联系。弗雷德·格林斯坦是著名的政治领导方面的记录者，他曾引用克林顿对非裔美籍观众的激情演讲来支撑自己的中立派观点：

> 三月份，我碰巧在电视上看到克林顿针对非裔美国人在教堂集会所做的演讲，其反响之大，甚至超过了马丁·路德金，这很罕见。克林顿语调轻快且自信，他呼吁制定政策，从而确保民众有困难时可以自救，而非一定要依靠政府。同样的政策也适用于白人，他呼吁民众要摒弃种族差异，寻求共同利益。

因此，即使政治圈的人一再承诺要加大经济管理和发展的力度，当权者首要遵循的还是已有的克里斯马及"高效领导人"范式，这也是商业领导人被迫要遵循的范式。

---

① 译注：指走社会主义和资本主义之间的道路，在社会民主主义的基础上，肯定自由市场的价值，强调解除管制、地方分权和低税赋等政策。

CEO政治领导人

人们对政治领导人的看法在21世纪发生了翻天覆地的变化。不知何时起,商界领导开始向克里斯马式和扭转乾坤式的政界人物靠拢,而政界领导则开始效仿商界的"高效、高产、高利润"。因而,在CEO社会,克里斯马式领导向精明算计的商人转型。当然,之所以会这样,是因为二者在拼命地相互效仿。区别在于,渗透到政治领导方式中的CEO特质主要集中于商业管理智慧,并不包括克里斯马及公众影响力的塑造。

二者的相互学习最终形成了一种新的领导模式:CEO式的政治领导。印度管理学院班加罗尔分校公共政策中心主任Rajeev Gowda举例说明了政治领导方式中的新型商业模式:

> 随着民主主义的逐渐成熟,需要形形色色的人来共同推动社会发展。发展前期我们需要的是能引领政治变革、制定国家宪法的人,而后期则需要能管理预算、推动项目高效发展的人,这也是MBA课程越来越火的原因。

21世纪初,CEO们变成了社会上的名人,引来了政治领导人的纷纷效仿,正如当初CEO们也一心想成为克里斯马式政治领导人一样。CEO带给政治圈的,并非一个可以激发人民智慧的领导者角色,而是一个可以独立决策并高效完成任务的"霸道总裁"的形象。在很多情况下，我们希望政治领导人可以成为推动商业成功和经济发展的CEO式精英。

如果政治特色、政治意义以及民主要素的操作都日益经济化，那么政治领导人不再是人民的领导，而是经济的领导。21世纪之初，形成了一种CEO面貌下的理想型政治家形象，这个说法毫不夸张，不管怎么说，如今有许多CEO都转战政坛。意大利前总理西尔维奥·贝卢斯科尼创立了Finivest，现代汽车创始人郑周永也曾任职韩国政坛，联合国前秘书长科菲·安南在麻省理工学院获得管理学学位，之后任职于加纳旅游发展公司。

2001年，乔治·沃克·布什当选美国总统，这大概是CEO价值渗透到美国总统职位中的最显著标志了。在竞选之初，商科教育背景和经验在布什身上便显露无遗，特别是他在哈佛商学院的求学经历更是让他如虎添翼。布什在哈佛的同学曾尖锐地提问："既然律师和军人都有机会冲击政坛，为什么我们读MBA的不可以呢？"他也说出了很多人的心声。布什很明确地指出，他本人所竞选的职位风格就类似于企业的最高领导人。他曾主张："总统的职责就是制定议程、基调和框架，同时提出办事和决策的原则，之后把任务分配下去就好了。"后来的布什政府也是全方位按照商业标准来运行的。前副总统迪克·切尼、国防部前部长唐纳德·拉姆斯菲尔德、商务部前部长伊

文恩、劳工部前部长赵小兰、前白宫幕僚长安德鲁·卡德和财政部前部长约翰·斯诺都曾担任过企业CEO。

布什任职期间主推决断力、效率和生产力(虽然常常名不符实),他本人也被称赞为最强"MBA总统",及CEO总统的全新代言人。布什之后,又出现了许多后起之秀。如米特·罗朗尼,他参加了2012年大选,同样地,他被团队包装成为有强劲商科背景的政坛潜力股。政策专家詹姆斯·菲夫纳曾说:选民通常会认为商人办事效率极高,一定能为政府做实事!但他们对比的却是最棒的企业和最差劲的政府。他们可能忽略了一点,每年也有数千家新成立的企业破产倒闭。

CEO涉足政坛标志着总统职位的一个显著变化:日趋大众化。过去,如果将商界作风带入政坛,一定会被批得体无完肤。自21世纪初期以来,CEO式的新型政治领导人被普遍接受。慢慢地,二者相互融合,逐渐趋同。

在某种意义上,政治家与CEO应当展现出相似的领导特质,如:目光长远、有号召力、执行力强、情商高、善于倾听并且自信。尽管如此,新型政治领导人更注重的是实际的国家经济管理,而非向克里斯玛式领导人靠拢。现流亡海外的泰国前总理他信·西那瓦,则是典型的CEO式政治领导人。从政之前,他依靠自己的产业,特别是通信产业,成为泰国数一数二的富豪。他希望将这份荣耀延续到政坛上,他

2001年当选后曾表示：

> 一个企业就像一个国家，国家亦可称作企业。治理国家就好比管理公司一样，经济发展是龙头，从今往后，要用经济治国！

西瓦那上任后践行了他的观点：如果治理国家就像管理公司一样，那么公民则是他的员工，其他国家都是市场上的竞争对手。最显著的是，政府首脑扮演着CEO的角色，首要目标就是发展经济。西瓦那知名度很高，当年的大选中他以绝对优势取胜，多半是基于他雷厉风行的CEO作风。

我们这里讨论的并不是政治领导人的技能和特质，而是全社会大规模的经济化走向，以至于所有的事情都变成生意。

引领经济发展

有人认为，相较于传统的政治领导人来说，企业领导人更加果断且高效，这个看法反映出，在CEO社会，政治领导人正朝着大众化的趋势发展。相应地，企业领导人也被赞誉能成为掌控国家经济发展的舵手，2008年经济危机后，这种思想就更应景了。在美国，2010年是CEO冲击政坛的高潮年，40多位企业领导人都参加竞选，其中的大

多数赢得让人心服口服。

这反映出民众对政治家的期待有了很大的变化，他们希望政治家能具备成功商人的特质。政治学家苏珊·麦可麦努斯曾说："选民需要的是有财经智慧的人，而CEO们恰好具备，可以说他们是经济方面的专家。"

类似的例子还有澳大利亚前总理托尼·阿博特。2013年当选为总理后，阿博特将现代新自由主义政治家的特质发挥得淋漓尽致。上台后不久，他就颁布了一系列有利于商业发展的政策，包括取消碳税、重新商定国际贸易协议、废除保护工人的法律以及将上届政府的国有企业私有化。为了宣传他的新政，在竞选当晚，阿博特宣称："澳大利亚将改朝换代，重新振兴本国商业发展。"这里，我们又一次看到了政治领导变为商业管理，对应的是，推动经济发展和商业繁荣便成为政府的首要职责。这样的变化不仅体现在政治中，也反映在选民的期待上。总之，CEO胜利了！

2015年，阿博特的民众支持率大幅下跌，除了质疑他的政治理念外，媒体还提出了一个尖锐的问题："如果阿博特是CEO，那他还会因此被迫下台吗？"

鉴于此，澳大利亚学会左倾智库执行理事理查德·丹尼斯提出：可以将政府想象成企业，总理担任CEO，政党是董事会，选民则为股东。丹尼斯含蓄地表示：

> 任何独断专行的 CEO 都是在涉险。托尼·阿博特在重
> 要的决定上太过独断，每一个总理都应当谨记：如果他们的
> 观点得不到政党支持，那么政党有权将他们换掉。

丹尼斯认为阿博特独断专行，做决定前从不与内阁大臣商议，而
他用这个说法为自己的行为辩护。阿博特擅自决定将塔斯马尼亚森
林从世界遗产区域名单中去除，导致其遭受大规模砍伐；还授予英国
菲利普亲王澳大利亚"爵级勋章"。这样的管理方式体现出政治领导
更偏向于管理性质，而非民主性质。这也暗示了 CEO 政治家的出现
导致了管理模式与民主偏离，转向独断专行。泰国前总理他信·西瓦
那也是同样的例子，CEO 领导的基础是独裁主义和中央集权。

2015 年 9 月，马尔科姆·特恩布尔代替阿博特成为新一届总理及
自由党党首。如果说阿博特是一个重视商业的新自由主义领导人，那
么特恩布尔则是一个彻头彻尾的商界大咖。20 世纪 90 年代，特恩布
尔是一家大型互联网供应商的总裁，身家百万。他还曾担任澳大利亚
高盛集团的执行总裁及合伙人，被福布斯评为"澳大利亚最富有的政
治家"。在早期执政中，特恩布尔就借鉴了自己的从商经验。2016 年
他的第一场超时新闻发布会上，特恩布尔明确地提出："澳大利亚人民
对我这个总理的要求是：负责任地管理好政府的预算，让纳税人的钱

发挥最大的作用,与此同时还要高效管理政府。"同时,他还谴责教育投资过多是鲁莽的做法,劳资关系和税务改革才是工作重点。

国家领导人必须对本国的财政状况负责,这也是特恩布尔上任以来的工作重点。2015年权力更迭后,他曾指责阿博特并不具备澳大利亚所需要的经济执政能力。上任后,当被问道是否会让阿博特担任前座议员时,特恩布尔回答说:"新政府一定要有新的面貌,就像企业在商界中一样,这一点尤为重要。"这与阿博特形成了鲜明的对比。此外,特恩布尔也在执政过程中稳步践行着他在商界中的一些特质:机敏、创新、创意和大刀阔斧的改革,却很少谈及平等、自由和正义——毕竟这对做生意没什么用处。

类似这样关于"领导方式"的讨论,你可以从机场销售的管理类书籍中了解到更多,而非那些刻板的政治宣言。真正从管理学模式来看,要实现所谓的发展,就要削减投入到民众身上的开支。教育和医疗是最关乎社会平等的两大领域,却被特恩布尔列在了削减预算的首位。而削减工人的处罚金和加班费始终是经济发展的重要议程。

如我们所见,在CEO社会,政治已经变得越来越商业化,从发展重点和参与人员来看都是如此。一位理想型政治家身上一定能折射出商业领导的影子,并且会将商业繁荣和经济发展视作重点。这种趋势同样也体现在贝拉克·奥巴马身上,只是没那么明显罢了。政治理论家温迪·布朗曾说道,奥巴马竞选时鼓吹的是"希望和改变",他承诺要做一个变革型领导,将美国人民团结起来,带他们走出战争阴影,步入一个充满正义、机遇和进步的新时代。

但是到了第二任期,画风开始转变了。在2013年国情咨文中,奥巴马表示,在政治改革的同时也要推动其他领域的进步,包括税务、医疗健康、清洁能源、住房、教育,同时还要提高最低工资标准、完善社会正义等。以上的改革方向都是为了推动美国的经济发展,提高其综合竞争力。奥巴马称:"我们的奋斗目标是不断推动经济繁荣,为中产阶级创造更多的工作机会。"

奥巴马政府关注的重点还是经济,希望通过外商投资为本国人民创造更多就业机会,训练他们适应工作岗位并给予相应的奖励。布朗将其描述为:"吸引外商投资者来造福本国劳动力——这便是21世纪想要推动社会正义的旧民主国家总统所制定的发展目标。"这种情况并不是特例,只有在推动经济发展的情况下,改革才合情合理。总统的角色并不是确保自由、公平和正义,而是使社会正义、政府投资和环境保护成为经济发展、竞争定位和资本提升的动力。如此看来,政府和企业的行为在本质上是一致的。

CEO 政治家和民主领导的行政化

CEO 社会中政治领导和商业领导的紧密联合反映出民主政治发生了深刻的转变。过去，当选领导人要服务于选民的意愿，起码理想上是这样的。领导人的首要任务是为选民争取福利，民主领导既要为人民服务（例如，理解民众的想法和愿望），又要具有前瞻性思维（例如，为保证选民的长远利益而放弃短期的政治利益）。这些理想还未付诸实践，但是它们定义了民主领导的标准。然而，CEO 政治家如今占了主导，市场的地位开始超越民众。

这种变化可被称为新自由主义下的民主领导，这也是 CEO 社会的主要特征。总的来说，新自由主义的主要特征是权力的转移：从公有向私有的转移。在此过程中，政府的职能是进行人为干预，以此激发民众的创业、竞争和商业思维。毫不令人意外的是，这样的转变会对民主规范和民主实践产生巨大影响。温迪·布朗认为，新自由主义政治转型下的人类可以用创业家的形象来表示。对"经济式人物"的拥护也体现出对未来政治领导人的期待，强调了企业家精神和生意头脑的重要性。

新自由主义的发展过程也可以从财政和政治权利的融合中体现出来。人们所推崇的是一个负责任的民主领导，他决策果断、行动力强，能保障活跃的市场和繁荣的经济。这些职责在战略上与新自由主义的政治紧缩政策和扩张的金融化相关联。

这些思想非常危险：首先，它们在现实生活中是行不通的；其次，如布莱斯所说：

> 从意识形态上来讲，经济紧缩指的是不超额消费，这大概就是这种思想最迷人的地方吧。当国家陷入危机，"经济紧缩"就会成为自由主义思想下的标准政策，所以这种思想迷人却又危险。

CEO政治家向选民承诺，要遵照现行企业价值来管理国家，这真是危险却又让人欲罢不能的存在。

CEO政治家的首要任务是为市场服务，而非为人民服务。因而他们为大众服务的职责只能间接实现了：通过服务于市场来满足选民的需求。正因如此，新自由主义的财政规则被归为"反政治"类型。这预示着新型理想民主领导的出现，会将市场改革强加到民众身上，美其名曰是为了他们好。在这里，政治家们可以英雄般地抵制一些民众"不负责任"的诉求。特别的是，他们在政治上要懂得迂回，并且要有技巧，才能促成改革。在新自由主义时代，治理专家保罗·波斯纳等表示：

有经验的政治领导人善于通过削减赤字来推动经济发展。他们可以及时遏制一些经济问题的产生,例如高利率和通货膨胀,从而避免高赤字。财政整顿会带来短期的经济效益,可以减轻信贷市场的压力,也可延缓外部大规模债务危机所造成的影响。

如今的政治领导人,考虑的不是民主价值和政策,更像是人气比拼,比比谁更强硬、更自律,能更好地管理国家经济。基于此,才出现了许多政治英雄,他们愿意做一切有利于经济发展的努力,来维护新自由主义。美国有一些组织,例如公民反对政府组织和"债务偿还"(Fix the Debt)组织,他们会根据政治家们财政保护的程度为他们颁发"英雄奖"。毫无疑问的是,2008年发生的经济危机让人们对这一做法产生了质疑,看来紧缩政策弊大于利。但是,民主话语依然要扮演强势领导者的角色,推行所谓的负责任的改革,从而治疗资本主义,让其恢复健康。CEO社会其实在通过这种方式维护CEO式的政治家,他们让国家走出经济低迷的方式像极了企业中的管理者。

这种新自由主义下的领导方式会改变选民的理解方式。伴随着CEO政治家的兴起,流行起来的还有"股东公民"。

"股东公民"是"公民股东"的对立面。公民股东对国家的治理没有直接话语权,却要密切地受其影响。因此,企业行为产生的经济利益同公民作为投资者的社会政治利益有着显著的关系。相比之下，股东公民也有所不同，他们在投票前要明白自己的政治选择将会带来怎样的市场影响。社会学家林恩·菲利普和苏珊·伊尔坎认为：新自由主义需要民众有自我调节能力，并对市场有一定认知。正因如此，我们才说，CEO政治家的走红不仅仅是民主社会需要而产生的结果，更是每个选民出于民主职责而做出的选择。

CEO政治家的新任务

本章，我们重点讨论了从20世纪末至今，在新自由主义背景下，政治领导人和企业领导人之间关系的变化。这也显示出，政治领导人逐渐体现出一些传统的商业价值，如：高效率、高效能、高利润、高产能以及强大的竞争力。正如我们起初所述，CEO政治家的走红是特朗普能成为总统候选人的一个重要因素。没有最夸张，只有更夸张，特朗普体现了CEO的竞争特质。在某次竞选演讲中，他宣称：

> 我们会赢的，我们一定会大获全胜！无论是贸易还是边境问题，我们都能拿下，赢到你不想赢为止。总有一天，你一定会过来求我说："拜托了，我们真的不能再赢了。""总统先生，我们到此为止吧，不要再赢了，这对其他人不公平。"我只能遗憾地告诉你："这个请求我恐怕不能满足，我们会持续胜利，胜利，再胜利！我们一定会让美国再次强大起来的！"

这种对竞争性胜利的执着反映出新自由主义下的市场价值观,它们适用于各个阶层,同时还有很多假想敌。这都是新的领导人形象的重要组成部分,CEO政治家的兴起、21世纪社会政治力量的重新配置促成了这一变化,而在此影响下,资本主义取代民主主义,成为社会主流价值观。在CEO社会,民主的地位开始降低,充其量也只是实现经济发展、竞争胜利的工具而已。不过在此背景下,政治家们依然保持着公众假想中的光辉形象,至少在某种程度上依然是社会变革的总舵手,只不过社会变革的方向转到了财政、经济及与市场相关的问题上。

当然,严格来说,政治规则与市场价值撞车也不是什么新鲜事了。早在20世纪20年代,就有学者抱怨说,政治家就像企业的人事经理一样危险,他们和企业大亨的关系太过亲密,会利用手中的权力给朋友走后门、开绿灯。

更有远见的是,政治科学家尤基尼·路易斯提出一个概念———"创业家式的政治家",这一说法逐渐被理论化,并且受到了广泛拥护。这里,理想的政治家指的是那些可以创造或者全方位运营一个公共组织,从而深刻改变社会稀缺资源分配的人。新自由主义为这些思想提供了温床,使之牢牢占据政治经济发展的核心位置,甚至可以继续扩展。从结构性角度来看,人们希望政治家们可以追随那些商业巨贾的特质和行为,从而保障私人市场最大化地提高效率、创造利益。

在CEO社会，人们往往很难辨别CEO和总统。温迪·布朗提出质疑："当新自由主义的理性高度浸入政治生活中时，民主文化、主体、原则和机构会受到怎样的影响呢？"这也问出了我们很多人心中的疑虑。值得注意的是，公共和私人领域的领导方式在实践和文化期待方面都有所改变，这进一步深化了新自由主义的影响，相应的代价是民主地位的降低。诚然，这是CEO社会的一个重要特质。政治领导方式的修正反映了新自由主义的教条，同时将其完善。政治科学家尼尔·布仑纳认为：全球化的发展促进了国际政治的标准化重组，逐渐反映出了新自由主义的意识形态。类似地，伴随着新型领导方式的流行，市场价值也得以完善和扩展。

在创造CEO社会的过程中，作为政治和经济准则的新自由主义重新规范了文化景观和领导方式之间的关系。政治家树立了像企业家一样的主导地位形象，这更加强化了权力的重新配置。特朗普的当选体现了企业民主的成熟——行政当局开始代表商业利益。然而，政治的行政化发展并不完善，且日益遭到抵制，人们转而开始支持发展更加真实且与众不同的民主政治。民众对特朗普的回应便清楚地说明了这一点，已经有一大批政治化的公民开始反对他了。2017年1月，女权运动（Women's Marches）在美国发起，这是美国历史上最大规模的抗议游行，主要反对特朗普政权，表达对特朗普的不满，该运动得到了世界其他地区的强烈支持。据最佳估计，参与华盛顿女权运动的人数是参加特朗普就职典礼人数的三倍。

美国的伯尼·桑德斯和英国的杰里米·科尔宾所发起的反抗运动反映出人们对 CEO 政治的反抗愈加高涨。桑德斯鼓动发起的组织"我们的革命"（Our Revolution）及英国的反对组织都包含了这一精神，双方都指向了后 CEO 社会和后 CEO 政治。支持杰里米·科尔宾的势头从 2015 年开始萌发，共有 20 万支持者，他们争取公民参与政治的机会，同时要扭转"铁路、能源和公共服务的私有化现象"，并且要"将财富和权力从少数人手中移交给大多数"。

类似地，"我们的革命"承诺，即使在企业控制媒体的时代，在腐败的政治经济时代，也要让美国政治恢复往日的活力，从而让工薪阶层重获民主权利。这表明要扭转企业介入政府的局面，结束由新自由主义造成的显著的不平等现象。取而代之的是自下而上、将社会关系民主化的集体主义新型政治。

这两种运动在很大程度上都抵制了政治领导人同商业利益相结合。这为质疑政治市场化提供了潜在的基础，也改变了过去的主流观点，即理想的政治家与特定的 CEO 形象相类似。当务之急是要确定：民主与公共规则是否会被私人管理所取代——毕竟这是 CEO 社会的核心特征之一。

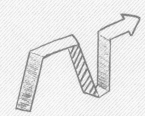

第 五 章

像 CEO 一样生活

CEO力量在主导政治经济生活的同时,也在向文化生活慢慢延伸。伴随着这种渗透,CEO社会开始定义人们在现实生活中前进的方向。关于"人"的定义在不断发展,如今社会上普遍认可的说法被概括为"经济人"。"经济人"是经济理论中的一个基础单位,特指那些能明确自己的经济利益,并孤注一掷去追求的理性人。实际上,经济行为并不这么狭隘,这只是一种假设,假设每个人都是自私自利的"经济人",而这确实是自由主义的基础、新自由主义的延伸。在某种程度上,"经济人"的概念并未反映出现实生活本来的面目,更多的是对未来规范生活方式的一种感知。用现在的话说,就是要过"经济型"生活,不顾一切地追求高产和高效,将利益最大化、损失最小化。

本章中我们要讨论的CEO,是"经济人"的特别代表,社会主流文化将他们塑造成经济生活内外的楷模。我们追随CEO的踪迹:从2008年金融危机遭遇重创,到后来凤凰涅槃一般的重生,我们一起学

习如何成就高产、高效和有价值的人生！我们注意到,把"经济人"的概念同CEO紧密联系起来,是存在文化矛盾的,至少表面看起来是这样的。我们可能会质疑:基于经济利益最大化的生活与对高品质生活的追求是如何相互矛盾的。诚然,人们对健康、适度和平衡的生活都有着执着的追求。一种明确的文化欲望暗示人们要把生活过到极致,同时拒绝做工作或事业的奴隶。这样看来,我们无法将这种生活与那些工作狂和唯利是图的高管联系起来。这种直白的解读背后,隐藏着CEO理想的复杂性,以及它包容矛盾和讽刺意味的能力。CEO代表了一种极限能力:工作与娱乐能兼顾,他们身上完美地融合了"经济人"和"高品质生活者"两种角色,并且不需要相互妥协。

那些CEO成名,不仅因为他们拥有商业智慧,还因为他们追求刺激以及过着极其丰富的生活。例如:维珍(Virgin)品牌的创始人理查德·布兰森,他曾驾驶热气球飞越大西洋和太平洋;甲骨文公司老板拉里·埃里森曾在帆船比赛中获得冠军;思科公司创始人之一桑德拉·勒纳,他的故事更精彩,他的爱好是中世纪的盔甲,他曾骑着夏尔马参加了马上比武大赛。CEO们展现给我们的都是商业巨人的形象,这样的形象与其日常的生活似乎有点格格不入,其中勒纳表现得尤为明显。对CEO来说,没有什么是不可能的:上午去跳个伞,下午谈个几十亿的生意,晚上再和电影明星喝杯酒,周末去达沃斯解决一下世界问题。

通过本章我们会发现,CEO的偶像化形象已经深入到现代社会中。在这样的背景下,CEO们为大众呈现了一幅生活蓝图,教我们如何高效地生活——通常都是做一些有意义、能实现自我价值的事。CEO价值为人们提供了生活的智慧,帮助人们尽一切所能寻找梦想并实现梦想。这是CEO们为大众描绘出的一幅"好生活"的夸张图景。其实,每个人都是自己生活中最成功的CEO,正如一些企业内部所吹捧的那样:健康、快乐和幸福也都是投资的回报。

企业家生活

如今,CEO不仅代表顶尖的商人,更象征着一种高端的生活方式,而这种生活是一般大众无法企及的。CEO们将生活过到了极致,他们所拥有的财富、权力和社会关系可以满足他们心中任何的奇思妙想,令我们凡人难以望其项背。这些现代英雄们不仅思想前卫,行动也跟得上。最有趣的就是一大批冒险家CEO的出现。过去那些古板的CEO已经被时代淘汰,取而代之的是一批动作英雄,他们更符合大众对名人的期待。提到CEO,人们脑中浮现的不再是死气沉沉的会议室,而是最前沿的科技,20世纪80年代是大哥大,现在则是家庭自动化系统和机器人。

很多CEO因爱冒险而出名,过去大众对CEO的印象都是西装革履,而如今,他们开得了飞机,跑得了马拉松,甚至有人还打破了世界

纪录。理查德·布兰森一直想成为乘热气球环球旅行的第一人,他曾提到:"冒险家和企业家很相似,都是敢别人所不敢。"这还不够刺激,63岁时,布兰森同三个比基尼女郎共同进行风筝冲浪,首次实现了四人冲浪,打破了吉尼斯纪录。

最近一项关于"追寻刺激者"的研究表明,喜欢追求刺激的人都倾向尝试不寻常的经历,和那些不爱冒险的 CEO 比起来,他们更加优秀。据说,这种 CEO 更容易带领企业走向成功,特别是创新驱动型企业的成功。

正如我们书中所讲,在 CEO 社会,CEO 的崛起不仅体现在商业中,还体现在日常生活中。其中,CEO 的冒险家精神尤为瞩目。正是这种充满男性力量的英雄性格使得 CEO 在大众心中成为 360 度无死角的完人。CEO 的核心魅力在于:他们有自己独特的生活规则,与我们常人截然不同。CEO 被塑造成为西方具有男子气概的个人主义形象,除了个人的强大意志,没有什么能够阻挡他们。扎克伯格穿着牛仔裤和 T 恤打造了价值数十亿的脸书王国;曾经休过学的史蒂夫·乔布斯为社会带来了深刻变革。CEO 们特立独行的个性比他们的财富更让人陶醉,排除万难闯出一条属于自己的路是他们与生俱来的能力。

美国运动相机厂商 GoPro 的 CEO 尼克·伍德曼就是一个生动的

例子。据他的大学同学回忆，伍德曼会：

> 花好几个小时费力安装好一架滑翔机模型，然后飞一下
> 就散架了。但他也不恼火，继续安装下一个模型。如此可
> 见，伍德曼从不会因失败而退却。GoPro的投资者们坚信，
> 伍德曼会将他身上的激情、坚毅和创新能力都带到CEO的
> 工作中。

　　从以上的例子中我们看出：新自由主义中的个人自由同英雄主义的个人价值相结合，便是CEO的模样。作为工人或公司职员，我们中的大多数都要受到所在企业的约束，相比之下，这些精英们可以随心所欲，随时随地发挥他们的潜能。这些故事告诉我们，成功给了CEO独特的自由，他们不需要受制于文化甚至是身体的局限。这就是所谓的"高层梯队理论"，该理论认为，高层领导人的性格、价值观以及能力决定了一个组织的成败。企业里的工人也好，中层领导也罢，他们之间的关系或个人技能并不重要，高层领导会决定整个集体的成果。有了这些品质，再加上个人非凡的天资，CEO们可以跨越任何官僚主义障碍，所向披靡，到达成功的彼岸。在21世纪的公司等级制度中，CEO们不仅是企业眼中的贵族，也是全世界眼中的贵族。对于这些成功人士来说，登顶商界之巅是他们来之不易且当之无愧的回报，我们常人只能崇拜和嫉妒。

虽然这样的个人自由对凡人来说可望而不可即，但CEO们依然有强大的粉丝基础。CEO拥有非凡的个人能力，可以在日益复杂和竞争激烈的世界中成功闯出一条路。即使没有特殊的冒险经历，CEO依然会备受尊敬，因为他们有能力对自己的人生负责。他们是道路的开辟者，他们的前途掌握在自己手中，不会被动接受命运的安排。CEO被视作现代社会的专家，是企业的精神领袖，可以带领企业走向成功。不仅如此，CEO们还能做心理导师，帮助人们在各方面实现突破，同时培养好的习惯，从此过上更加高产、高效的生活。CEO是众人的模范，让我们的梦想有了标准，从而有希望走上人生巅峰。只要跟着CEO，定能成为你梦想中的那个人。CEO所代表的包罗万象的"高管生活"似乎适用于每个人，这种生活可不只是能赚大钱那么简单。

现代CEO是大众的楷模，指引人们在工作和生活中最大化地实现梦想。很多自助类书籍的流行反映出CEO的文化力量，如《从无家可归到CEO：无借口手册》(*Going from Homeless to CEO: The No Excuse Handbook*)体现了CEO精神，从这本厚厚的大书中，我们学到的无非是：克服逆境、控制情绪、避免嫉妒，从而成就非凡、快乐人生。CEO最大的优势之一，是亲自向众人传授知识，帮助他们更好地生活。类似的还有罗宾·夏玛的《圣人、冲浪者和CEO：成就你内心的愿望》(*The Saint, the Surfer, and the CEO*)，作者承诺要帮助人们唤醒内心的自己，成就奇迹般的非凡人生！CEO实乃缔造奇迹之人！

CEO的财富和力量将带来一个新的镀金时代,这成为21世纪的一个显著特征。他们的影响力不限于经济和政治生活,已开始引领当代知识和自我认知。CEO化身为大众楷模,兼具长期眼光和短期理性。这和公众想象中的创业者如出一辙,创业者都被奉为完人,他们具有资本主义美德、创造力和创新能力。逐渐地,这已经发展成为一种文化幻想:只要有天资,并且足够努力,那一定可以赚大钱。很明显,CEO影响的不只是那些想创业的人。

创业是一种多功能理想,可以综合地激励并检验一个人。并不是所有的创业者都能成为CEO,但CEO只要能抓住机会,都能成为创业家。在一些知名的真人秀中,如英国的《虎潭龙穴》(*Dragon's Den*,2005年起在英国广播公司开播)和美国的《鲨鱼坦克》(*Shark Tank*,2009年起在美国广播公司开播),所有嘉宾的目标是创业,他们需要说服一众投资者来支持他们的想法,从而让梦想照进现实。节目中的终极裁判,均为成功的企业家和投资者,他们可以识别什么最有价值,以及如何将价值发挥到极致。这些"鲨鱼"不是发明家,而是开拓者,他们要掌握最新的发展趋势,为了使经济利益最大化而毫不留情地做出决定。他们要摒弃传统观念和个人感情,一切都要为组织的繁荣而战。

人们普遍认为,苹果公司的成功主要归功于史蒂夫·乔布斯的个人天赋,他堪称成功创业家的典范。2015年最火的电影台词当属传

记片《史蒂夫·乔布斯》中的一段话了,出自以美国技术革新者史蒂夫·沃兹尼亚克为原型的角色之口。他很尖锐地向乔布斯发问:

你到底做了什么?你既不是工程师,也不是设计师。你连用锤子钉钉子都不会。电路板是我组装的,图形界面是偷来的!可是为什么我每天不止10次地看到评论说乔布斯是个天才呢?你究竟做了什么啊?

而我们需要讨论的问题是有点神秘,却又不物质的企业家精神。与其说创业是创造一些有形物质,不如说是充分利用他人已创造出的产品,为自己所用。CEO们目前参与的创业就是这种形式,即充分利用他人的物质创造能力和创新能力。即使是在发展成熟的企业做领导,也还是要充分发挥企业家精神,为他人创造机会,并让每次机遇都最大化地发挥效力。每一次经历都代表了一个新企业的潜力,而在社会环境中,每一个瞬间都是一次新的机遇,帮助你掌控自己的人生、将个人价值最大化。

直面行政危机

正如我们所探讨的那样,当代 CEO 所代表的不仅仅是企业管理,而是比之更深刻也更有意义的内涵。对 CEO 来说,当务之急是要提升掌控命运的能力以及自我感知能力。CEO 不仅能操纵市场,更能掌控自己的人生,防止被社会左右。鉴于此,我们不仅要研究这些CEO偶像的性格,还要探索他们为何能让人持续保持幻想,还能时不时地推陈出新。

最显著的例子,就是CEO们成功挺过了2008年金融危机,那场危机直接挑战了CEO们过去美好的形象。彼时,美国最大的汽车公司董事长乘私人飞机去华盛顿申请经济援助,却遭到了奥巴马的斥责。一位民主党代表直言:"难道不能降低档次坐个商务舱飞过来吗,至少那样能表明你确实被经济危机影响到了。"

金融危机后的一段时间里,高层和底层的人民一样,都很无力。同时,这也反映出:无论是CEO还是他们的经济咨询师,都无法完全摸透市场的运作规则,更无法控制市场。众人都担心全球经济大幅度下滑,CEO们则认为21世纪的经济是盲人领路。高盛前总裁兼首席运营官加里·科恩曾说道:

> 面对金融危机,你可以让自己彻底地投入其中,不分昼夜、马不停蹄地解决各种问题,或者做一个旁观者,静观其变,随时全身而退。

前方的道路并不明朗,也没有空想家可以带领我们进入更美好的未来,只有一群没有经验的业余爱好者尝试着解决问题。

此外，CEO不再是英雄，反而变成了替罪羊，摩根大通集团CEO悲叹道：

> 如果说管理层毁掉了公司，那么董事会和所有的管理层都应该被炒。如果你问我，怎么看待那些卷走5000万甚至上亿美元，然后导致公司破产的人？我只能说，他们糟透了！如果我们公司有一天倒闭了，那我们管理层应该把过去5年甚至10年、20年赚的钱全部掏出来发给大家，必须这么做！

很明显，资本主义遇到了生存危机，在通往CEO社会的路上脱轨了。市场存在的目的是什么？除了代表竞争之外，它还有别的身份吗？资本主义还会有未来吗？此次的危机让CEO们遭到了重创，理想很丰满，现实很骨感啊！一瞬间CEO们变成了全世界的公敌，仿佛是他们毁了这一切。他们曾经大肆吹嘘的自由如今被指责为毫无节制和剥削性的特权。

伴随金融危机到来的，还有全方位的管理者危机。曾经的宇宙掌门人和人生赢家，如今却被贬低得连常人都不如。

CEO们在这场操纵游戏中一败涂地，全世界人民也跟着遭殃。房屋止赎、债务危机、工作难保，这些都导致自杀率极速飙升，由此出现了

144

一个新名词：经济式自杀。经济学家安德鲁·法洛在其著作《危机后遗症：金融危机的前因后果》(*Crash and Beyond: Causes and Consequences of the Great Financial Crisis*)中提到：

> 当我们探索此次爆炸性事件的前因后果时，一系列更深刻、恼人的问题也随之而来。公共政策为何对危险没有预见性，却任其愈演愈烈，以至于酿成了无法挽回的巨大损失？最根本的问题并不是灾难为什么会发生，而是怎么能允许这样的灾难发生呢？

大家都认为CEO应该承担此次危机的全部责任，并受到相应的处罚，关于现在以及未来的一系列严重的问题也随之出现。摆在眼前的都是很现实的问题：民众相继失业、商店一家家倒闭、政治家们每天嚷着要紧缩财政。大家想要的，是经济能尽快复苏，可如今，全球顶尖企业的CEO相继失势，谁来完成这场声势浩大的经济复苏呢？

目前兴起的是一种新奇的幻想：由CEO主导经济复苏。期待那些名声扫地的CEO们可以重整旗鼓，并且他们的实力和影响力要更胜从前。

故事演变成为一场扣人心弦、催人泪下的危机。我们的信仰是要打败危机、重现往日镀金时代的辉煌！经历了2008年金融危机后，

人们都迫切地渴望回到过去那些物质丰盈、市场有序的日子。对此，需要采取一些"常识性"规则来减少企业的风险，并恢复此前的商业繁荣。美国前总统奥巴马在 2009 年宣称：

> 过去几十年间，市场发展有脱轨的危险，而我们却骄傲自满、不以为意。这次危机提醒我们：要制定市场发展规则，但不能影响全球化带来的红利，如提高人民生活水平、降低物价、让世界联系更紧密等。

想要复苏经济的愿望是可以理解的，而这一行为也充分表明，即使全球市场经济发生了巨大动荡，自由市场的理念依然存在，甚至更加兴盛。之所以 CEO 依然被捧为偶像，这只是一个浅层原因而已。虽然 CEO 们因为贪婪和腐败而遭到斥责，他们仍然是大众心中的理想型人物。这场金融危机直指人们心中的恐惧和不安全感：我们并没有强大到足以影响全球的经济走向，同时，我们还担心会缺少代理者。

突然间，人们的生活发生了翻天覆地的变化，他们面对的，是一个前途未卜的超自然市场。自进入 20 世纪以来，金钱被指责为世俗的上帝，恐怕这场危机过后，金钱要变为鲁莽的上帝了，人们如此虔诚的拜谒却也换不来它的关照。21 世纪伊始，人们被这种深层次的存在性不安紧紧包围，之所以会恐惧，是因为人们意识到我们所处的经济体系已经失控,而我们却无能为力。

　　CEO 形象的恢复并不是像奥巴马说的那样发展经济就可以了,而是需要采取一些精神层面的手段来消除失控的弗兰肯斯坦式的经济给人们造成的恐慌。换言之,我们只是想假装有人还在掌控局面,虽然所有的事实和证据都在告诉我们事情并不是这样的。恢复 CEO 的神秘形象,本质上是要恢复个体的权力,让个体重新主宰自己的命运。要想实现这一目标,就要树立 CEO 的英雄形象,从而让普通大众重拾信心,相信自己可以主宰命运。要想使民众放心,需要将 CEO 重新神化,他们仍然是唯一能够制衡市场非人性力量的势力。

　　恢复对 CEO 的信心更多的是给人以心理安慰,让他们知道,在困难时期有人可以依靠,毕竟生活太艰难,幻想还是要有的。只要遵从 CEO 的信条,人人都能接受恩典。

提高生活价值

　　2008 年全球金融危机后的近 10 年间,人们关于资本主义的社会效益和道德收益的看法存在诸多分歧。在支持者看来,资本主义仍然是创造财富的最佳体系,也是唯一的体系,同时还是自由民主的老伙伴;反对者则认为,资本主义是所有不平等、贫困和压制的助推器。评价 CEO 的都是一系列的竞争标准。对有些人来说,CEO 代表了当

今社会上所有的不公正和不正确;但对其他人来说,CEO象征着当今社会的自治,他们精神层面的自治是所有人都梦寐以求的。

矛盾的核心在于,资本主义究竟是自由体制还是剥削体制? 对自由市场的谴责主要集中在其宏观调控的问题上,"占领华尔街"运动中,民众强调:"我们美国99%的民众,却被国家1%的人控制。"英国工党领袖杰里米·科尔宾在竞选运动中的标语是:"代表民众,而非少数人。"对很多人来说,自由的市场经济下,每天的生活都值得期待。被吹得神乎其神的自由让人们的日常生活变成高压式的苦差事,人们整日活在焦虑和恐惧之中,你的个人幸福完全掌握在老板手里。社会学家大卫·比尔详述了这一焦虑:

> 新自由主义之所以能强大到成为一种执政方式,是因为它可以激发不确定性,新自由主义建立的基础是焦虑和不确定性,如果我们坚持事事都算计,那焦虑只会加深。

同时,高层们的奢侈生活唾手可得,而他们的成功和财富主要从消费者和劳动力身上获得,从消费者身上最大化地获取利润。被剥削的劳动者辛劳工作,却也只能维持基本生存。当然,维护资本主义的人则持有另外一种观点,他们很乐观,认为CEO是一个组织的核心,对社会的持续存在和发展都至关重要,他们永远是创新和革命的领头羊。而创新和革命也需要密集的劳动力才能实现,因此他们可以获得丰厚的收入。无论如何,他们都会说,市场决定了商品的最优价格,同时也决定了CEO的巨额收入。CEO为社会做出了伟大的贡献,也应获得相应的回报。你更要相信,CEO所付出的一切都是为了企业的利益,在推动企业发展方面,他们从未停下脚步。

可是,如果当高管们被要求离开公司时,他们会获得数额巨大的遣散费,他们可就不会表现得那么鞠躬尽瘁了。例如,2017年,福特汽车前CEO马克·菲尔兹在福特供职3年,这期间该企业股票下跌37%,他离职时共获得5400万美元补偿金。

CEO所展现出的形象,时而像殉道士,时而像社会精英。那么问题来了:如果连这些成功人士都被榨干,我们还能说资本主义好吗?虽然能创造巨大的收益,能推动经济发展,可是参与者们是否都乐在其中呢?这些担忧反过来指向了自由市场中最突出的一个卖点——认为剥削是拥有幸福生活的基础和保障,这个观点实在太可耻了。

其中的逻辑为:剥削的本质,是将你的天资和勤奋发挥到极致,这对于个人发展来说是至关重要的。批判理论家柯林·克林称之为"反射性剥削",即人们把自己当作商品,用来交换薪酬和社会地位。他们的生活要与自由资本主义的要求相符合。这逐渐演变为现在CEO社会中对可雇佣能力的迷恋。反射性剥削会为个人简历增加筹码,而这也是经济安全和经济拯救的核心力量。资本主义将剥削美

化为促进个人发展的基础和保障,以上应当是当今社会最完美的例子了吧。

在自我提升的过程中,CEO精神也不知不觉地被带入日常生活中。不仅是勤奋努力,创业精神也被运用到生活的方方面面。社会学家马克思·韦伯曾提出一个著名的概念——"新教伦理",他认为,新教伦理是早期资本主义发展的核心。然而,现在社会所需要的,不仅仅是韦伯所提出的清醒、节俭和勤奋这些道德标准;要想成为CEO,得学会投机取巧、狡猾诡诈、冷酷无情,为了实现个人价值,为追求财富和快乐,要不惜一切代价。

根据CEO社会规范,CEO们所关心的内容对发现个人价值来说至关重要。别不信,这是真的!这个过程,就是在不断和他人竞争中探索自己的优缺点。自称"情感专家"的尼利·斯坦伯格在其著作《风险共担:像CEO一样去恋爱吧》(*Skin in the Game*)中用实例解释了这一点,这深入到了工作以外的领域。这本书的目标读者是女性,封皮做成了耀眼的粉色,它鼓励情场失意的人采取CEO式的技巧来追寻爱情,例如:不要为挫折和失落所困,要心怀希望,同时还要充实知识。她建议女性不要害羞,大胆追求爱情!"像CEO创业一样恋爱吧,你就是CEO本人!"

在当今社会,类似的书传播了一种思想:成熟的标志并不是建立道德标准,而是要挖掘你生活各个方面的市场价值。

因而,要想过有意义的人生,就要充分挖掘内心深处的 CEO。否则,人生会停滞不前,甚至孤独终老。至关重要的是,要想遵循 CEO 社会的价值,就要不断发掘新方法以提升自我价值,找寻高效、简捷的路子来实现目标,要充分利用社会中的机遇,事事抢先,抢夺他人的利益为自己所用。总之,能助你成功的只有你自己。正如星巴克 CEO 霍华德·舒尔茨所说:"我相信,只要有恒心、肯尝试,每个人都能实现梦想!"如果事与愿违,那一定是你不够努力。

实现 CEO 式平衡

像 CEO 一样生活,就意味着要寻找个人的真正价值并从中受益。从更深层次看,商业已经延伸至人们的日常生活,业已形成一种现代的世界观。它帮助人们更加了解社会现状,并指导他们更好地行动。此外,CEO 式的价值观还有助于人们过上健康、平衡的生活。

当今社会,人们都寻求工作与生活的平衡,并渴望幸福,这对个人成长和事业发展来说都至关重要。可如今,新自由主义给人带来经济上的不安全感,这些梦想变成了海市蜃楼。只要资本主义继续存在,人们就要为工作和收入而焦虑,哪还有心思关注自己的幸福呢?整日因工作而身心俱疲,给人带来严重困扰,要想实现平衡,工

作就要成为生活的主导,可见资本主义对人的身体健康有百害而无一利。

乍一看,拿 CEO 举例似乎说服力不够。他们确有很多优秀的特质,可仅限于职场范围内,生活中是不存在的。唯一保留的,是工作中所展现的竞争性个人主义,在打高尔夫或者飙车时都显露无遗。因此,CEO 更像是耳边的警钟,而非心中的楷模。他们强调,要想到达顶端,必须一心一意地努力。不幸的是,现实中如果这样,那其他的一切都要为事业让步。然而,CEO 现身说法向我们证明,只要朝着工作目标前进,也依然能获得事业生活双丰收。大多数人认为很难实现事业发展和个人幸福的平衡,但 CEO 们有自己的必杀技。公司经理伊丽莎白·杜克斯曾说道:

> 维珍集团董事长理查德·布兰森建议用工作中的态度来对待家人,如果你的日程太满,那就提前定好陪伴家人的时间,把它列入工作日志中就可以了。

类似地,在最近的《华尔街日报》中,商业版记者瑞秋·芬特兹格记录了男性 CEO 们所提出的"工作—生活法则":

> 这些商界大佬们能巧妙地平衡工作和生活,成为众人追捧的楷模,之所以可以实现,他们的技能和心态至关重要。

同时，无论在工作，还是在家里，保持身体健康都是每个人自己的责任。虽然名义上企业要为员工提供一个滋养的环境，员工要寻找方法，在完成职业理想的同时，还要实现个人愿望。

依据此声明，生活不是过出来的，而是安排出来的，个人的健康和幸福都要靠自己的努力去获得。CEO 被标榜为个人管理的成功典范。我们要像 CEO 那样，有效管理自己的时间，不断探索高效、高产的方法，来实现工作和娱乐的平衡，以及事业与家庭的平衡。在 CEO 社会，顶级 CEO 的智慧和生活技巧是我们通往成功道路上的秘密武器。

要想实现理想中的新生活，一定要对个人生活及事业有清晰的概念及有效的控制，要有效管理自己每天的生活。由埃伦·科赛克及布伦达·劳沙所著的《做自己的 CEO》(*CEO of Me*)表达了这一观点。作者表示，此书会帮助读者过上井井有条的生活。要实现这一点，首先要创建一种能够平衡工作和生活的"工作模式"。书中说道：

　　或许你从未想过，你应当充分发挥主观能动性，像 CEO 一样去积极管理自己的日常生活，如果你希望自己的人生有所改变，那就行动起来吧！在商界，CEO 是掌管企业的最高领导人。作为 CEO，他所做出的战略性决策，将对企业的

现状和未来发展起到至关重要的作用。同样地,作为自己人生的CEO,你也需要像领导一样来管理自己的生活和事业。当你意识到你主宰着自己的命运和生活时,相信你会做出更好的选择。

中心思想就是,如果想要事业成功、生活幸福,就必须跟随CEO的步伐。要想过上好生活,我们需要学习CEO的心态:要理性、高效地安排自己的事业和生活,不能情绪化,我们要努力探索那些适合我们工作和生活的规则及方法,同时我们要像老板一样,不遗余力地实现生活的平衡。

释放你内心的CEO能量

通过探索我们发现,在CEO社会,CEO的作用不仅体现在经济方面,现已深入到其他各个领域。用CEO的思维生活不仅有利于个人成长和事业发展,还会让你从此过上好生活。追求生活幸福和事业成功,就要像CEO一样思考并行动。自称畅销书作家和CEO导师的艾伦·考克斯称,一旦你将内心的CEO能量释放出来,你要做的就是享受它带来的快乐。

抛开意识形态和历史因素,资本主义本质上就是直来直去的交易而已,人们赚钱至少要能够养家糊口。资本家主要靠剥削工人所创造的剩余价值来获利，在 21 世纪也依然是这样。

　　赚来的工资都用来购买食物、房屋和其他生活必需品，能支付起的也只有这些了。现如今，劳动者希望在工作场所得到身体和精神方面的提升，从这点来看，人们不再像原来那样为了生活而工作或是为了工作而活着，他们工作，是希望有机会过上自己想要的生活。

　　在 CEO 社会，劳工关系已经发生了变化。过去，人们工作是为了谋生，而如今，人们工作是为了过上自己向往的生活。对于身处发达国家以及经济条件优渥的人来说更是如此，他们所需要的，是一份自己能够支配时间的工作。因而，人们工作的目的，更多的是增强个人幸福感。如今，成功已经被重新定义，它所包含的内容更加广泛，包括工作之外的个人成就。具体而言，就是要支持满足工作以外的责任和理想，或许是要好好照顾孩子，或许是好好健身，拥有更靓丽的外形。

　　工作和生活相融合是 CEO 社会的典型特点。企业目前所推崇的公司文化，就是不仅要帮助员工提高专业能力，还要完善个人成长。健身房、运动设施、信息室、spa 馆、小憩室等都是现代员工所期待的公司福利。将个人幸福纳入管理范围被视作员工应当享受的权利，同时，此举也被解读为企业的新规定，要求保证员工的身心健康，无论对工作还是生活都有好处。

这也给人们带来了新的压力,生活的方方面面都要到位,要维持工作、生活的平衡,要实现整体利益最大化。

近几年大家推崇的一个概念叫作"向前一步",这便代表了如今新的社会精神。这个概念源自谢丽尔·桑德伯格的同名书,桑德伯格是脸书的首席运营官,她在书中鼓励女性要自信、大胆地抓住职场商机,同时不能因为事业而耽误了家庭。这本书主要面对女性,桑德伯格提出了一些CEO式技巧供女性参考,如:要敢于冒险,要在有发展前景的企业任职,做事要有魄力。

2014年,《时代周刊》做了一个专访,内容是男性CEO教大家如何平衡事业和生活。虽然这次没什么性别标签,可内容与桑德伯格的书类似。男性CEO们认为,首先要分清家务事的类型,是"橡胶时刻"(就算错过了,家人也不会怪你)还是"水晶时刻"(不能因工作而错过)。例如,毕业、结婚、出生这些就属于"水晶时刻",而偶尔的足球赛、学校聚会之类的就属于"橡胶时刻"。那如何处理这些生活琐事呢?水晶类大事,当然要重视,而那些橡胶类小事就直接放弃吧,不如待在办公室工作。不过在CEO社会,只要方法得当,大事小事你都可以统统拿下哦!核心思想就是,女性和男性一样,都可以做到事业家庭两不误。很显然,这不是简单的实现平衡而已,这更多的是一套技巧,可以帮助你精确地规划,如何让工作与生活相互融合,而非互相牺牲。在职场中,人们称之为"双赢"。

CEO 社会的核心思想是要同时享受工作和个人生活的快乐，要想达到此状态，就要像企业家一样去处理生活中的事务。简言之，就是用 CEO 的智慧和敏锐去解决问题。具体来说，需要我们时刻权衡生活中的收益和风险，得到机会的同时，也要想到背后要付出的代价。做好工作与生活的"损益两平"分析定会收获最满意的结果。这样一来，在生活中做任何事之前都要问问自己："这到底值不值得？" CEO 教练、高盛前任 CEO 加里·科恩在《华盛顿邮报》的报道中是这样总结的：

> 没错，我们每个人都是自己生活的 CEO。企业中，CEO 的职责是为公司做战略决策和长远规划，同样地，我们也要为自己的生活做同样的事情。如果决策和规划不够完善，那我们很难充分发挥自己的潜力。我注意到一个很有趣的事，那就是很多人更愿意花大量的时间去规划自己的婚礼甚至是暑期出游，却不愿意花心思规划自己的人生。

在 CEO 社会，要想成为有价值的公民，一定要以恰当的创业者心态来面对生活。我们都需要提高并磨炼自己的管理技巧，从而充分利用生活中的机遇。正如我们要不断挖掘新的资本市场和商机一样，生活中，我们也需要擦亮双眼，积极寻找机会，让生活更上一层楼。因此，无论是不是 CEO，我们都要发掘自己身上的品牌价值，将个人的领导能力发挥到极致。职业成功导师肖恩·凯利认为，要想实

现这一目标,就要寻找一条必胜的道路,让你的人生大放异彩,并且要从此刻就行动起来!具体该怎么做呢?别打盹儿了,清醒一点!明确主张!好好实践,茁壮成长!给自己助力,争取达到最佳状态!

过去,社会各界多数对企业持批判态度,认为企业是幸福生活的障碍和敌人,可如今,人们的态度发生了180度大转变。现在,是CEO为人们指明了一条光明大道,带他们寻找事业以及生活中的目标和财富。我们相信,只要信奉CEO精神,我们不仅能实现工作和生活的平衡,还能做得更多。如果能成为自己人生中的CEO,那么我们一定能将生活过到极致。

高管的责任

努力成为自己人生的CEO,让自己的生活发挥到极致!这并不只是顺应创业时代的简单的正能量言论而已。

可能你会想,这只是一些简单的、无伤大雅的建议而已,不过是给人们的发展提供些方向和指导。然而,这些管理知识对于很多组织来说是一种道德约束,无论在工作还是在生活中都是这样的。如果这些所谓的激励会让人羞愧或者自责,那这种激励便成为一种规范性的要求。具体来说,它曾宣称:每个人都要为自己的成功和失败负全责。因而,尽管现代社会中依然存在男权主义,性别歧视也广泛盛行,人们仍旧相信,女性只要像老板一样不断奋进,就可以冲破这些阻碍,拥有梦寐以求的事业和生活。经济困顿与全球化共同加剧了个人经济的不安全感,致使很多人无法拥有足够的时间和资源,去追求他们想要的生活。但这又怎样呢,谁会在意啊! 只要表现得像个 CEO,那这些壁垒和障碍自然而然就消失啦。同样的道理也适用于种族歧视和经济不平等,如果你是其中的受害者,那只能怪你自己。

CEO 社会是新自由主义及"责任主义"的典型代表,同时也扩大了其强势话语权,社会学家罗南·沙米尔曾陈述道:

> 责任化建立的前提是将道德责任塑造为必需的本体论条件,以保证企业家的配置。新自由主义责任化的独特之处在于,它承担了一定的道德责任,而这种道德责任同经济—理性要素相一致,这些要素包括:自治主体、自主主体和自续主体。

因而,责任化就意味着所有的个人和团体都要为自己的福利负责,这是现代社会对"自律"的要求。不管有什么背景、无论遇到什么情形,所有人都要为自己的社会结果负责:成功、失败或是退出,都是如此。人们之所以想按照 CEO 的思路去生活,就是因为他们能提供可靠、正确的方向,进而掌控自己的人生。

虽然CEO模式有许多要求,也给大众做了很多承诺,但在实践中,这种高层管理者的许可带来的往往是权利被剥夺,而非赋予人们权利。它代表了CEO社会给大众提出的不可能达到的目标,即在生活的方方面面都要做到超级高效、多产、自信和机会主义。正如一个人的工作永远不可能达到完美一样,他也不可能彻底变为CEO的样子。然而正是这种不可能性成了CEO准则存在的核心原因。它引发了一个持续的自责循环,人们感觉永远都无法成为一个完美的员工和自我。如果没有如愿成为自己人生中理想的CEO,如果自认为是一个失败者,如果自己也是"责任化论"的受害者,那么定会产生深深的内疚感。这种失落感会催人奋进,让人不断努力地向CEO价值观靠拢。现实生活中遭受的失落居然会让人更加全力以赴地去追求那个理想化的目标,这简直不可思议。

它让人觉得自己很无用,从而渴望向全能的CEO学习,以找到自我价值。这种"内疚诱导"式关系与社会中盛行的债务观十分相似。诚然,新自由主义建立的经济基础是大规模的个人负债与集体负债,究其原因,主要是信贷的放松,工资的缩水以及急剧加重的教育、医疗负担。更为根本的是,这反映了哲学家、社会学家毛里齐奥·拉扎拉托所提出的"负债人"的概念。他指出:

> 一连串的金融危机反映出一幅主观图景,就是"负债人",它由来已久,可如今已经遍布整个社会。新自由主义

对大众承诺：每个人都能成为股东、业主、创业者，所有这些
思想把我们推入负债人的境地，我们不得不为自己的命运
负责，同时也感到羞愧。

为此，人们认为自己要更加努力，朝着CEO的方向发展，从而有
能力负担自己的债务，充分利用好自己的人生机遇。最重要的，是要
有CEO式态度，否则，就是对自己的人生不负责。

在CEO社会，要将CEO式思维运用于方方面面，除了个人利益，
还包括对待家人和朋友的态度。如果你因为工作太忙而忽略了伴侣
和孩子，那么一定是你缺乏规划时间的能力。我们打着道德的旗号
在自己、他人及整个团体中践行CEO式思维。CEO理想早已走出企
业的会议室，开始影响整个人类社会，从政治生活到个人生活，处处
都是CEO的影子。虽然金融危机中，CEO们备受指责，但这依然不能
阻挡他们在社会中的统治性力量，CEO们已经成为我们大众生活的
标杆和准绳。不断强大的CEO社会不仅明确着我们生活中的愿望，
同时也为我们指明实现这些愿望的方向。更确切地说，在当今社会，
无论你的喜好和热情如何，你最终都会走上CEO式道路，从而让自己
的生活更加高效、更加有利可图。

个人发展

高效管理我们的生活的责任也具有很深刻的社会影响。尤其是它指明了如何利用市场技巧来实现社会价值及经济正义。它在最大化地创造经济效益的同时,还想要实现社会价值。有鉴于此,市场在实践中有了不可知论者的特质,对社会福利和社会问题来说统统有效。

然而,CEO价值中的效率、前瞻思维及创新改革对于任何一家企业的成功来说都是至关重要的。从这一角度来看,市场手段与资本主义终端之间有很大的鸿沟。高管式价值观的运用十分广泛,因而生活中各种各样的活动都要以此作为依据,无论它们的目标是什么。

如今,"社会企业家"这一概念越来越盛行,这反映出CEO的道德化。最具代表性的就是商人们心中有一个浪漫的梦想,那就是运用自己的智慧和才能为社会造福。例如,一众CEO联合反对特朗普在2017年要求美国退出《巴黎协定》的行为,包括特斯拉公司首席执行官埃隆·马斯克、通用电气前首席执行官杰夫·伊梅尔特,以及苹果公司首席执行官蒂姆·库克。如此一来,虽然过去人们总是批判是资本主义导致了环境的恶化,可现如今,资本家们都在呼吁发展绿色资本主义,这也算一种补救吧。金融推动下的经济过于鲁莽,这让人很害怕,但人们对于道德资本主义的向往减缓了这种恐惧。最重要的是,那些忠实的粉丝们要使CEO精神朝着更加道德和可持续的方向发展。

社会企业家精神所反映出的,是新自由主义中矛盾的教义。在这种教义中,个人责任高于一切。个人和团体(社区)不仅要对自己负责,还要为整个社会负责。这种"责任化"的道义让CEO备受欢迎,虽然在某种程度上,它对自由市场的规则是拒绝的。

就这一点来说,每个人都应当利用这种以市场为基础的CEO式原则和技巧让世界变得更美好。但这里有一个讽刺的转折,那就是接受CEO权威价值观怎么突然就变成一种社会义务了呢?依照这些原则,美国最大的天然食品零售商全食超市(Whole Foods)公司CEO约翰·麦基与他的合作作者拉吉·西索迪亚教授在书中承诺:"自觉资本主义"①会激发人们的"商业英雄主义精神","自觉资本主义"不仅能发展出强大的、有利的商业,还可以为每个人创造一个更加美好的世界。如此看来,否定创业精神和CEO智慧就相当于阻碍了人类的生存和进步。此外,资本主义不仅改善了人们的经济条件,同时也涉及保障人类的政治、社会和环境领域的完整性。

效仿CEO精神并不只是发达国家少数人的特权,现已成为全人

---

① 译注:自觉资本主义是资本主义的一种新形态。其特征是极其关注企业员工、消费者、社区和环境的共同福祉,并通过对这些共同福祉的满足,最终实现企业自身利益的满足。

类的希冀与需求，无论地域、社会环境和个人背景，都是如此。小额信贷的推广使得发展中国家的穷人们也有机会进行小型创业，并因此变为商人，这就是所谓的道德逻辑，一点都不合情理。结构性议题和地缘政治都被抛在一边，仅仅是因为CEO社会承诺：可以依靠更加强大的本土企业家精神来彻底消除经济萧条。

萨伊德·坎库尔是小额信贷的拥护者，他曾在世界银行官网中写道："此银行项目极具创新力，它给数百万的贫困人民，特别是女性，提供了自主创业的机会。小额信贷给女性以更多的自主权，从而帮助无数家庭摆脱了极端贫困。"

这些倡议本就收效甚微，况且人们认为，这些举措并没有彻底解决全球资本主义和贫困的主要问题。同时，他们对市场抱有过大的希望，误认为市场是所有社会问题的良药，错将CEO当成拯救世界的盖世英雄。类似倡议的提出所导致的结果就是，贫困问题本是由来已久的全球不平等体系造成的，到头来摆脱贫困的艰巨任务却恰恰落到了那些深受这一体系压迫的人身上。CEO们不惜一切代价地压榨劳动力、破坏环境，同时还要用自己的方式去重塑那些他们曾经利用的人，扬言要通过CEO价值观的力量帮他们摆脱过去的困境，分明就是在挂羊头卖狗肉。

正如我们看到的那样，CEO方式正越来越多地占领着人们的生活。但值得注意的是,这种现象并不是普遍存在的。

新型的环境友好型生活方式逐渐成为社会主流。此种方式避开了 CEO 价值观中的剥削性和好大喜功,更注重自然保护和人文关怀。这种逐渐流行起来的生活方式也被称为"慢节奏生活"。从此,人们放弃了现代资本主义的快节奏生活,转而去细细品味生活中的快乐。人们不再从获利中寻找快乐,每一天的经历都能让人喜悦。当然这只是一些微小的例子,但足以反映出人们已经开始厌烦像 CEO 一样思考及生活。当然,以上主要是一些经济条件优越的人所持有的想法,但也足以反映出,在超资本主义时代,人们逐渐开始逃离 CEO 式的生活。

第 六 章

CEO 真的慷慨吗？

2017年2月，脸书创始人、CEO扎克伯格再次因公益事业抢了头条。他与妻子普莉希拉·陈共同创立的基金会CZI捐助了300万美元来援助硅谷地区的住房危机。基金会政策与宣传总监大卫·普劳夫宣称，这笔资金用于支持那些致力于帮助经济危机家庭的工作者，还要支持对长期解决方案的策略研究。"两步走"战略将推动我们的政策与推广工作不断向前。这只是扎克伯格慈善帝国中的冰山一角，该基金会为慈善项目投入了数十亿美元资金，旨在解决社会问题，特别是科学、医学研究和教育领域的问题。

CZI成立于2015年12月，彼时，扎克伯格夫妇刊登了一封信，这封信是写给他们刚出生的女儿——麦克斯的。他们在信中承诺，以后会将脸书中99%的股份（当时的估值为450亿美元）用于发掘人类潜力和推动人类平等的事业。

房屋干预问题显然是戳到了痛处,这件事交由脸书的门罗帕克总部来解决。当地的房屋均价在2013—2017年翻了一番,涨至190万美元。

总体来说,在旧金山,收入差距并不大,但在美国称得上是房价最高的地区。扎克伯格夫妇所推行的此项干预旨在切实解决社会和经济问题。如今买房、租房的价格都大幅飙升,可能年薪百万的技术人员也承受不起,更别提那些收入平平的人了,还养家呢,能养活自己就不错了。

讽刺的是,该地区高科技产业的繁荣却也是这场房地产危机的元凶,而脸书便是其中的领头羊之一。社区房屋组织委员会会长皮特·科恒这样解读:

> 科技的繁荣确实是一个重要因素。当我们处理这些财富集中问题及楼市价格飙升的问题时,我们并不是为了解决公民的住房问题,而是在处理那些将房地产当成商品的投机行为。

扎克伯格的慈善行为看上去十分慷慨,可从整个局势来看也只是杯水车薪,这场危机因高科技产业而起,而他本人也是这个产业的既得利益者。他的行为表明,在CEO社会里慈善也会变味。

从某种意义上说,住房补贴的推出是在努力修复脸书以及其他高科技公司所造成的问题。很显然,扎克伯格在以慷慨的名义,重新改变新自由技术资本主义所带来的侵害,以期解决由社会、经济体系所造成的财富不平等问题,可讽刺的是,恰恰是这样的体系给那些侵害提供了温床。

我们很容易把扎克伯格想成CEO英雄,曾经的乖乖男因为天赋异禀一跃成为全世界数一数二的大富豪,并且想用这些财富造福更多的人。扎克伯格所塑造的始终都是舍己为人的利他主义形象。

企业则不遗余力地宣传他的赤诚之心和菩萨心肠,打着慷慨的旗号,怀着一颗金子般的心,给社会做贡献。如果深入研究,就会发现扎克伯格的慈善事业不仅仅出于所谓的好心的利他主义,即使很多人都在为扎克伯格的慷慨而鼓掌,但从一开始,就有人对慈善的本质进行过公开发问。

从扎克伯格2015年写给女儿的那封信中可以明显看出,他想要拿出450亿美元做慈善。调查记者杰斯·艾森杰尔当时报道:CZI并不是非营利性的慈善组织,而是有限责任公司。而这种法律地位意味着它有很多现实意义,尤其当涉及缴税的问题时更是如此。它还可以做许多慈善以外的事务,例如投资或进行政治用途的捐赠等。

为了兼顾效率,扎克伯格可以自由支配金钱,公司并不会干涉,实质上扎克伯格就是慈善公司的掌门人。此外,正如艾森杰尔所说,扎克伯格在公关上的大胆投资着实为脸书带来了丰厚的收益,他只是把钱"从一个口袋挪到另一个口袋",并且"还不用交税"。

罗伯特·伍德在《福布斯》杂志中写道,扎克伯格的慷慨举动其实是避税的一个好方法,毕竟相对于抛售升值股票或捐赠销售收入来说,捐赠升值股票更能省税。同时,扎克伯格还可以通过捐赠获得市场价值,以此来掩护其他数十亿的收入。很显然,CZI的本质并不是一个慈善组织,扎克伯格在合适的时机进行投资,以此获得商业、税收和政治价值。我这么说并不是想否认扎克伯格的慷慨之意,或是他对全人类幸福和平等的殷切希望,CZI官网对扎克伯格的定位是:坚决致力于建立强大的社区。这里想表达的是,当CEO们捐赠或给予时,或出于慷慨,或是亲自掌控所赠之物,或希望从中获利,这相互之间并不冲突。这只是另一种形式的慷慨,也是CEO社会的显著特征之一。

CEO 上升的社会存量

当代CEO处于政界和媒体的最前沿,在他们被追捧为闻名遐迩的名人的同时,也成了经济不公平的替罪羊。他们是各种组织的门面,与此同时也要首当其冲来面对企业的丑闻。不管是谁的过错,只要此事受CEO监督，那CEO必然要被问责。更广泛地讲，CEO们备受苛责，因为他们所创造的现代自由市场，牺牲了大多数人的利益来满足少数人的需求。对CEO，或是整个CEO社会来说，要想繁荣发展，那么类似的批判一定要停止。

CEO公共责任的加强主要是由于企业的重心转移到更广泛的社会责任中了。企业一定要平衡好利润和社会效益之间的关系。如今公司报表中提出要推动"三个底线"的建设，即平衡社会利益、经济利益和环境利益，这便是很好的一个例证。向社会责任的转变反映出CEO身上一个很显著的问题。虽然企业为维护公众声誉而牺牲短期利益，但CEO是不会这样的。毕竟他们要拿出实实在在的季度报告，还要为股东们负责。

因此，虽然社会责任的战略可以赢得公众赞誉，但私下在会议室，情况却截然不同，预算吃紧的时候更是如此。

CEO们之所以不会在他们的操作上做出根本改变，是因为CEO的大部分酬劳都来自公司的股票和期权，社会正义只是他们打出的名号而已。接受公平贸易的政策并关闭剥削劳动力的工厂对全世界来说固然是好事一桩，可对于那些想要极速致富的企业可谓灾难。对于选民和消费者来说，符合道德价值的事对企业并没有实质性的意义，高管个人也不会从中受益。很多企业采取备受瞩目的慈善方

式来解决这一矛盾。出于好的目的,企业公开为社会做贡献(虽然也是省税之道),于是对企业剥削劳动力和玩忽职守的行为人们也就避而不谈了。相较于要从根本上改变价值观和企业行为来说,慈善所付出的代价要小得多。同样地,对于CEO来说,捐助慈善事业是树立良好形象的绝佳机会,还丝毫不影响他们盈利,这可是他们的头等大事啊。他们不仅能向公众展示好的一面,还能巧妙地遮蔽对公众的负面影响。慈善活动可以为类似扎克伯格或比尔·盖茨这些企业家们树立仁慈的个人形象,而不是那些为了经济利益在商界拼杀的形象,或者树立政治上亲民主的形象。

有一些情况更多的是出于经济方面的考虑。慈善事业能为资本积累带来巨大红利。著名经济学家威廉·拉让尼克指出,CEO基于股票的薪酬结构鼓励的是短期收益,而非长期投资。

经济大衰退结束后的5年,企业利润高涨,股市一片牛市。但大部分美国人并未享受到经济复苏带来的红利。高收入人群多集中在企业高管中,这0.1%的人几乎拿走了所有的收入,好工作不断减少,新的就业机会并不牢靠,待遇也很低。企业效益并未转化为社会广泛的经济繁荣。企业的利润变为股票回购,这引来了诸多指责。标准普尔500指数中的449家企业于2003—2010年公开上市。这期间,那些企业拿出54%的收入(近24亿美元)在公开市场中回购自家公司的股票。股息则花掉了它们 37% 的收入。至此,能够用于提高生产力、增加员工收入的钱所剩无几。

与此相一致的是,企业的慈善活动对股市分析会产生积极的影响。因而,慈善对 CEO 来说有巨大的吸引力,甚至会增加他的个人收入。慈善可以被当作解决新自由主义系统性问题的一条捷径,成为市场化、私有化、金融化和高管化所造成的社会问题的万能药。从个人角度来说,CEO 可以通过推动个人慈善活动来避开其他收益较小的活动。

企业社会责任

为了充分理解 CEO 社会对"慷慨"概念的重塑,我们需要回顾过去几年间 CEO 慈善的发展历程。企业领导做慈善由来已久,卡内基、洛克菲勒、福特基金会等,我们都耳熟能详。当代 CEO 慈善伴随企业社会责任(CSR)出现于 20 世纪中期。阿奇·卡罗尔所建立的企业社会责任影响模型认为,履行经济责任是其他所有企业责任的基础。换言之,如果一个企业没有强有力的金融、商业基础,其他责任便是无稽之谈。卡罗尔还指出,在此基础上,企业还需履行法律责任,按章办事,同时要有道德意识,做正确和公平的事。慈善责任处于企业责任的最顶端,也就是要直接回馈所处社区,提高本社区人民的生活水平。

扎克伯格参与旧金山房租危机救济等事件,便反映出此种以慈善为基础的企业社会责任。

慈善式慷慨使企业社会责任变得更加圆满,企业社会责任被广泛认作是管理组织道德的主导方式。从历史上看,关于企业责任的广泛讨论始于20世纪50年代,具体来说,首次将"企业责任"这一概念运用于商业组织中的是经济学家霍华德·R.鲍恩。在1953年出版的图书《商人的社会责任》中,鲍恩直接问道:"商人在社会中应该承担什么样的责任呢?"他给出的回答是:商人的责任不仅仅是完成经济方面的目标,如增加利润、资本增长等。相反,他表示企业要做的是遵循政策、做出决定、照章办事,一切要符合全社会的价值观和目标。在鲍恩看来,企业责任与社会成本、社会福利及社会价值息息相关,并不仅仅来源于经济事务。

如今,企业社会责任已经被广泛认为是企业中正常的一部分,但在当时,人们对鲍恩的理论大多持批判的态度,他们认为企业责任与社会责任就像水和油一样,是无法相容的。

反对企业社会责任的典型代表是诺贝尔经济学奖得主米尔顿·弗里德曼,他曾以一篇无可辩驳的声明而闻名,该声明指出:企业的社会责任就是盈利,该文章在1970年发表于纽约《时代周刊》。企业社会责任的支持者们关心的是企业家的责任,而弗里德曼所担心的是，当企业的所有权和控制权分离，即企业的所有权归股东而经营权归职业经理人，会造成怎样的影响。弗里德曼明确指出，企业本身是无法具备道德责任感的，只有个人才有。因此，他关注的是大型公开上市公司的高管应当肩负的责任。他认为，对企业高管的责任应该这样理解：

> 在企业自由、财产私有的体系中，企业高管就是老板的员工而已，他们直接对老板负责，依据他们的愿望去管理公司，即尽最大可能为公司盈利，同时还要遵守社会的基本规则。

在弗里德曼看来，CEO的首要身份是公司的员工。CEO的主要任务并不是制定企业的发展目标（这是老板的工作），CEO要做的是努力帮雇主实现这些目标。如果他们不这样做，例如，有些高管会专注于追求实现对社会有价值的目标，弗里德曼认为这是政治举动，而非商业行为，很显然是不合适的。

弗里德曼很维护以企业为主体的自由市场，但并不代表他认为社会价值就不重要。相反，他认为自由市场是实现社会价值的有效途径，企业的社会责任指的是：在遵守游戏规则的前提下，在开放、自由的市场中公平竞争，充分利用一切资源增加利润。弗里德曼并非歌颂贪婪，他只是让社会价值观和商业价值观分属两个不同的领域，

因而,他眼中的企业 CEO 主要负责企业利润的最大化,只要在法律和道德的框架内办事即可。

弗里德曼和企业社会责任的支持者之间的争论点并不在于作为经济体系的资本主义,而是在于该体系应当如何运行。这些争论由来已久,如今在 CEO 社会被重新提起且非常突出。考虑到当代机构的经营方式,管理学家蒂莫西·德温尼阐述了企业责任是否应当延伸的问题:

（企业）通过创造和递送消费者所需要的产品和服务来推动社会发展,为求职者提供就业和职业发展机会,为供应商开拓市场,给政府纳税,给股东分红,给债主还债。

德温尼认为,如今的商界,关于企业社会责任有两种概念:第一种是狭义的,如弗里德曼所说,通过实现企业目标来完成社会责任;第二种则是广义的,即企业需要满足社会更广泛的需求。

捐赠的誓言

在 CEO 社会,企业社会责任的范围发生了变化,不仅限于德温尼所提出的两方面。扎克伯格参与慈善事业便是很好的例证,这种慈善形式依赖于、却也有悖于弗里德曼的观点。弗里德曼认为,企业家要和公司相互独立、保持一定距离，不应该将企业的基金花费在社会事务中。不过在这方面不应该批判扎克伯格，不仅因为他是脸书的股东，而且因为他对CZI的投资都来源于个人财产，而非公司基金。

但鉴于扎克伯格个人身份与公司的关系界限并不明确，他所进行的慈善活动也可被纳入企业社会责任的范畴。扎克伯格CEO名人的形象意味着他就是脸书的形象代言人。虽然企业与CEO之间在法律上有明显的差别，可对于扎克伯格管理脸书的CEO名人形象来说，社会更愿意将两种角色融为一体。

扎克伯格所代表的新型CEO式慈善是CEO社会的典型特征。将大量财富捐赠至自家创办的慈善机构内，扎克伯格绝不是第一人。在CEO社会，最富有的企业家们亲自创造一个可供他们捐赠的机构算得上是荣誉的象征。我们把这一体系统称为"捐赠的誓言"，这是由沃伦·巴菲特和比尔·盖茨两位巨头在2010年发起的新型慈善运动。他们的自我描述如下：

> "捐赠的誓言"邀请世界上最富有的家庭和个人，在有生之年或以遗嘱的形式，将他们半数以上的财富以仁爱或是慈善的名义捐赠，以帮助解决社会中最紧迫的问题。

该运动鼓励全世界的亿万富翁将他们的大部分财富都捐赠出

来,在誓言中并未明确指出捐赠的财产究竟用于何处,以及何时可以兑现(是立刻还是去世之后)。这只是一个广泛的承诺,表面上看起来是用个人财富为社会造福。这也并不具备法律约束力,只是由签订协议之人所做出的道德承诺而已。

加入誓言的个人和家庭占据了长长的榜单。扎克伯格夫妇也位列其中,除此之外还有156位富豪,其中包括很多家喻户晓的名字,例如:理查德·布兰森夫妇、迈克尔·布隆伯格、巴伦·希尔顿和大卫·洛克菲勒。如此看来,世界上很多有钱人都愿意把自己的钱投入社会建设中。人类地理学家伊恩·海恩和萨曼莎·穆勒认为,这是"黄金时代的慈善",自20世纪90年代末,超级富豪们捐赠给慈善事业的遗产高达千亿美元之多。这些新晋的慈善家们为慈善组织带去一种"企业家性格"。

实质上,我们所看到的是公益事业责任的变更,从过去的民主机构转入现在的富人手中,转为由CEO承担。这也显示出,在CEO社会,社会责任的履行不仅涉及企业是否应该对商业利益以外的事负责。它还关乎企业应当如何利用慈善来巩固现有的政治经济体系,从而保证巨额财富能掌握在他们少数人手中。扎克伯格投入资金帮助解决旧金山湾区的房屋问题,便反映出这一趋势。

依赖富豪企业家们所发展的慈善事业被称为"慈善资本主义"。

慈善资本主义的出现似乎消除了"慈善"(传统上专注于给予)与"资本主义"(以追求自身经济利益为基础)间的自相矛盾。历史学家米可·斯拉普对这一概念做出了解释:

> 资本主义机制在推动经济发展和人类进步方面发挥了不可磨灭的作用,因而市场和市场主体都应当成为良好社会的主要创造者;资本主义不应是社会问题的制造者,而是解决者;我们最好将市场扩展至每个人或每个州;最后,富人与穷人之间并不存在冲突,相反,富人是穷人最好的,也是唯一的朋友。

很显然,"黄金时代的慈善"不只要让捐赠者受益,更广泛地来说,新型的慈善使资本主义更加合理化,同时可以使资本主义延伸到人类生活的各个领域。

同时,这也阐明了新型慈善事业同CEO社会之间的关系,它阐明了企业逻辑和实践已不再局限于传统商业视角中的会议室,如今生活的方方面面都染上了企业资本主义的色彩。慈善资本主义所包含的不仅仅是慷慨的举动而已,还有那些亿万富翁们所展现出的新自由主义价值观。核心就是,慈善事业被CEO们当作企业一样重新塑造。慈善捐赠变为一种商业模式,采用了以市场为基础的措施,如:效率、量化成本、收益等。

大学教授加里·詹金斯总结道,慈善资本主义有两个最根本的特征:一是将企业的管理方式运用到慈善事业中,这里的核心是创业、以市场为基础的手段以及性能指标;二是这些方式的应用离不开商业巨擘的资金支持以及商界老手的领导。从实际层面来看,慈善事业被CEO们以管理企业的方式经营起来了,二者都支持资本主义形式的交换和组织,二者都很自然并令人向往。作为其中的一部分,慈善机构最近几年发生了变化,"越来越直接、控制欲强、专注于实际指标,在与慈善接受组织的交流中时刻以商业为出发点,以期展示出他们的基金会战略性强,并且十分可靠"。

这种转变不是简简单单地向CEO风格靠拢,从而更好地推动慈善事业的运行——CEO风格声称会运用商业思维和市场手段拯救世界,相反,慈善资本主义的风险在于,如果慈善组织充斥了商业利益,那么对他人的慷慨就会成为CEO社会及企业的首要考虑。

尽职的CEO,失职的企业

正如我们之前所说,企业社会责任之所以被批判,是因为这为企业披上了道德的外衣,却做着剥削劳动力、损害社会利益的事。然而,在当今社会,社会责任已经自动成为CEO们所具备的个人品质,因而企业可以继续像过去那样为所欲为,这正得CEO之心。他们不仅肩负着重任,同时还担了很多虚名,甚至为许多无名企业代言。为此,他们掌管着一个企业的名声，是企业的守护神和最有力的维护者。一篇关于CEO的研究说道：

> （CEO们）认为企业的声誉由他们来掌管。他们都意识到声誉是一个企业最重要的资产，只要他们在位，就要做企业声誉最坚实的守护神。

CEO们积极投身慈善资本主义事业，也许是名誉管理的重要组成部分，同时也是公司营销的一部分，毕竟企业领导的善举也能给整个集体加分。

可讽刺的是，慈善资本主义却也赋予企业道德的权利，企业利用这一权利去做很多不负责任的勾当，至少在大众的认知中是这样的。大肆吹嘘CEO的慷慨反而让企业更加肆无忌惮地去做很多残忍的勾当，丝毫不考虑企业行为会给社会带来怎样的危害。甚至CEO越有道德，其所在的企业在理论上反而越可能做出不道德的事情。作为企业的门面，CEO的个人行为显得尤为重要，甚至可以掩盖企业所造成的损害。盖茨基金会便是一个很好的例证，成立之初，由于其慷慨大方而收到了社会各界的诸多赞誉，基金会捐赠额达到了400多亿美元，其中比尔·盖茨个人捐赠金额达280亿美元，堪称"企业慈善"的典范。基金会官网列出了它的使命：

　　我们希望挖掘每个人身上的可能性,我们在每一个生命个体中找到了平等的价值。同时我们致力于提升全球人民的生活质量。无论是芝加哥学生的教育问题,还是尼日利亚年轻妈妈的健康状况,我们愿将阳光洒向全球每一个角落。

　　然而,微软的行为却并不符合其负责任的公司招牌。2001年,微软因垄断被美国政府起诉,经过一轮上诉之后,微软最终败诉。微软是否存在垄断其实并不重要,关键问题在于,比尔·盖茨的慈善行为很可能会将类似的威胁行为掩盖,使其显得不那么重要。这也反映出在当代社会,企业责任存在着人格分裂的一面:企业以牺牲社会利益为代价,使自己利润最大化,只要企业的CEO再回馈社会就可以了。

　　微软在产品制造中还涉及滥用人权的问题,鉴于此,生产性紧张关系显得更加严重。2016年,微软遭到了国际特赦组织的控告,在开采制造智能产品所需的钴时,微软有虐待童工的情况。国际特赦组织人权研究院的马克·杜尔迈克曾表示:

　　　　商店中琳琅满目的商品,以及全球最尖端的技术看上去都熠熠生辉,然而与之相对的,却是一群肩上扛着一袋袋巨石的孩子、在狭窄的人工隧道中冒着肺病风险作业的矿工……

每一件利润可观的产品,都离不开原材料的费力开采,而童工却是其中的主力军。开采给童工带来严重的健康威胁和安全隐患,这使得采矿成为剥削儿童的最黑暗的行业。而企业应当为此承担责任,一个能创造1250亿美元利润的企业居然说它不了解关键原材料的来源,谁会相信呢?

更讽刺的是,盖茨基金会致力于消除世界贫困,当然了,这样的企业是不会给世界人民带来贫困的。

讽刺的核心在于,CEO责任是如何公然地忽视全球资本主义深刻的结构和政治问题的呢? CEO责任的出现源于企业社会责任的流行,但CEO责任掩盖了一组矛盾,虽然企业一再宣称要践行所谓的慈善使命,但公司的持续扩张和盈利却离不开它们的剥削行为。

CEO独裁者

CEO们声称要承担社会责任,致力于慈善事业,这都是虚伪的假象而已,本质上揭露了CEO社会中盛行的独裁式道德。

慈善资本主义通常呈现出的是超道德自由市场中社会正义的一部分,正如我们之前所讨论的那样,批评者对商人们所谓的"慷慨"并不看好,反而认为这是推进企业发展的一种手段。企业慈善充其量

也就是那1%的富人成立的志愿纳税组织,帮助建立了一个贫穷而又不平等的世界。然而,这种所谓的"给予"文化其实推动了独裁式经济发展,而支持其发展的,正是一群"独裁领导式"的高管。

值得注意的是,CEO式慈善组织的目标是改变价值观和发展方式,从而更好地向企业靠拢。让我们回头看看盖茨基金会,在其赞誉性目标的背后,隐藏了我们不易察觉的细则,这些细则昭示了严重的市场偏见。就这一点而言,它声称,每年有上百万的人想方设法地脱贫,有的采用了新型农业技术,有的找到了新的投资商机,还有的找到了新工作。这反映了广义上影响经济发展的资本主义道德观,这一观念在我们上一章节中提到的小额信贷中得到了充分的体现。这些慈善事业中所隐含的思想依然是:CEO可以用无尽的商业智慧来帮助穷人脱贫。

全球慈善组织的市场化和授权所带来的危险不仅仅是经济方面的。与此同时,还出现了令人不安的政治遗产,民主政治要让位于CEO式权力。在政治上,自由市场被定位为自由民主最根本的要求。

然而,最近的分析指出,市场化进程与独裁主义之间有着更深层次的联系。特别是这些不受欢迎的市场改革,需要一个强大的政府才可以完成。为此,强大的独裁者形象被转变成为潜在的正面形象,他是一个有前瞻性思维的政治领导人,面对不太理性的反对者,依然能领导自己的国家走上正确的道路。

慈善则成为CEO资助这些所谓的"优秀"独裁者的温床，而企业领导与市场观念型政治家之间需要一座桥梁，来进行直接或间接的沟通。克林顿基金会便是最典型也是最臭名昭著的例子，以推动全球授权和发展的名义加强政治、经济独裁者之间的联系。人们对此的批判主要集中在专制型政府花钱购买影响力这一问题上。维基解密[①]公开了该基金会的邮件，邮件显示该基金会接受了来自卡塔尔的捐赠。该基金会曾因工人工作环境恶劣受到指责，并被怀疑通过不正当途径帮助卡塔尔赢得2022世界杯的举办权。基金会发言人克雷格·米纳西安表示：

> 自2002年起，卡塔尔就成为基金会上千个捐赠方之一，克林顿基金会旨在推进全球人道主义建设，包括向70多个国家的艾滋病患者提供医疗援助、帮助美国儿童解决肥胖问题、加强全球女性公民的权利等。

然而，基金会还为卡塔尔的高级政府官员提供与比尔·克林顿同台探讨如何利用高科技推动农业发展并解决全球人民的温饱问题的机会，但这项新技术实际是为冷却足球场而设计的。而卡塔尔政府却因此获得了国际合法性及国际亲善度，这正是其梦寐以求的。

---

① 译注：通过协助知情人让组织、企业、政府在阳光下运作的无国界、非营利的互联网媒体。

独裁主义和慈善事业相互加强的方式远不止这一种。同样重要的还有项目的推进和对国家的捐赠,这些都是有助于市场推进的项目。其中特别包括为建立模范政府而推动的臭名昭著的人权践踏,这些行动的核心只有一个,他们要向CEO政治家们看齐,为推动国家经济发展不惜一切代价。在这个令人恼火的发展趋势中,克林顿基金会再一次发挥了模范作用。毫无疑问的是,经历了20世纪90年代惨绝人寰的种族灭绝后,该基金会表面上在卢旺达自主建立了一系列项目,为该国的贫困人民提供医疗援助。然而,这些项目其实是围绕着一个市场逻辑在运行,即通过慈善项目来发展更加强大的资本主义人口。

过去的几十年间,虽然世界银行称,卢旺达有45%的人口尚未脱贫,但对大多数的人来说,卢旺达依然处于极端贫困状态,本国的经济发展始终依赖外资援助。据悉,世界经济论坛表示,在未来很长一段时间内,卢旺达的目标是从以农业为基础的低收入国家向以服务业为核心的中等收入国家迈进。

政治上,卢旺达由独裁总统保罗·卡加梅领导,他与美国前总统比尔·克林顿私交甚好。克林顿曾被纽约《时代周刊》描述为全球精英最青睐的强者。两人的关系引来了诸多批评,而克林顿私下称赞卡加梅具有实干家精神。

杰拉德·麦皮斯特是卡加梅的支持者,麦皮斯特是管理与领导学院的执行主管,他用企业术语来维护卡加梅的行为:

> 卡加梅总统治理国家的方式就像CEO管理企业一样,保证各部门主管都各司其职。因此,即使该国资源紧缺,一切都能照常运转。第三世界国家要想谋求发展,一定要好好组织本国的人民。西方国家试图用自己的标准来要求发展中国家,这是不公平的。

这种做法忽视了民主与人权的价值观,取而代之的是强硬的CEO式统治者政权。CEO社会的逻辑是这些"市场友好型"独裁者需要慷慨,毕竟本质上,他们的目标是帮助铁腕统治下的人民脱贫致富,过上更加幸福的生活。这种"慈善式"关系所带来的好处介于独裁式管理者与CEO独裁者之间。前者可以负责任地支持"企业友好型"政治家,而后者在统治的同时,依然能表现出很合理的样子。那么政治和经济领导人能如此和谐就不奇怪了。二者都拥有市场领导中的独裁者思维,对效率、生产能力和盈利能力的重视,都胜过深思熟虑及群策群力。

政治型企业社会责任

近些年来慈善主义的发展,标志着商业正在向公共产品领域不

断渗透。而这种渗透并不仅限于富商们的个人行为,在企业社会责任思想领导下的大型企业也已成为此活动的一部分。对于大型跨国公司来说更是如此,它们的全球性活动与财富、权力相结合,形成了强大的政治力量。企业社会责任与政治的关系被称为"政治型企业社会责任",此概念由商业伦理专家安德烈亚斯·谢勒和圭多·帕拉佐提出。

这一概念反映出,对于大型企业来说,企业社会责任越来越多地体现在其参与解决社会问题的政治活动之中,通常是全球性的。在与此类似的企业社会责任计划中,企业与政府、公民本体及国际机构展开合作,历史上存在的政企冲突便可逐渐消失。

因此,一些比较著名的企业社会责任活动目标就是将企业"政治化",如:

> 完善企业与重要NGO(非政府组织)合作时的行为准则,将企业社会责任活动交由第三方监控;将企业决策与公民社会挂钩;将企业的注意力与资金转向社会挑战,而非直接向股东施压。

企业越来越多地参与全球与地区政治及事务,道德准则研究员格伦·韦兰认为有两点原因。第一,许多企业所属的国内国际环境并没有自由民主政治体制中所拥有的社会政治体系，我们称之为"先进型经济"。第二，通过设立标准规范以及公共产品的领域，企业已不自觉地融入政府行为之中。

这反映出在企业社会责任的要求下，大型企业已逐步参与到传统意义上的政府活动中，这意味着企业行为与政府活动之间的界限不再像过去一样明显，在全球化的背景下更是如此。在企业社会责任的旗帜下，企业参与到各种各样的社会活动中，如：公共健康、教育、人权保护、艾滋病、营养不良、自然环境保护、推动和平与社会稳定等。

企业社会责任发展的同时，政治、经济发展也向全球新自由主义转型，主要特征为由CEO们扮演的企业力量的扩张。这种扩张主要通过以下方式实现：国有企业的私有化、全球规模的贸易自由化，以及市场反常化。我们更加相信，大型企业拥有全球瞩目的政治、经济影响力。同时，也意味着这些企业的行为以及约束行为的方式有深远的社会影响力。2000年，这一平衡被打破，美国政策研究院报道，通过对比企业营业额与GDP，发现全球最大的企业集团为通用汽车集团、沃尔玛、埃克森美孚国际公司及福特汽车，每家企业的营业额都要高于波兰、挪威和沙特阿拉伯等各个国家的GDP。因而这些企业的CEO也都是准政治家。世界经济论坛的影响力逐年增强，便足以说明这一点，该论坛每年在瑞士达沃斯举行，商界大咖同各国政要齐聚一堂，共

同推动所谓的"世界进步"。如今,该论坛已成为享誉盛名的惯例、国际权力的象征和CEO们共话世界的机构。

　　CEO们可能会打着社会责任的旗帜去展示自己、企业以及他们所代表的政治—经济体系,并美其名曰要推动世界进步,可结果却常常事与愿违。联合国官员彼得·乌丁说,企业社会责任的发展并不依赖于企业自发做善事的行为,更多是由非政府组织、压力集团①和贸易联盟所推动。之所以会这样,往往是由于政府对大型企业管控不力。高级别的企业事故和谣言也会督促企业提高自我监控水平。管理学专家詹姆斯·波斯特指出:

　　　1984年,印度博帕尔市美国联合碳化物属下的化工厂发生毒气泄漏事故,直接造成约25000人死亡,该事故成为全球CSR事件的一个重要里程碑事件。博帕尔事件后,全球化工行业意识到,如果行业安全标准没有公信力,那么这家企业则不存在继续运营的可能。化学品制造商协会(CMA)制定了一系列行为标准,包括:产品监督、行业准入的新标准。长此以往,CMA通过不懈努力提升了相关企业的表现。

　　不难想象,企业提升形象的行为绝不是出于慷慨,不过是为了个

①译注:指通过经济等手段对政府施加压力,从而影响政府公共政策的利益集团。

人利益而已，特别是现在，各行业和企业已经意识到声誉和形象的重要性。有很多工业事故的发生便很好地证明了这一点。1989年，埃克森瓦尔迪兹号游轮在阿拉斯加州触礁，导致1100万加仑（1加仑≈3.7941升）原油泄漏。2010年，英国石油公司所租用的一个名为"深水地平线"的深海钻油平台在墨西哥湾发生油污外漏事故。

　　另一起重要事件是，2001年服装公司Gap和Nike卷入一场童工风波。该事件于2000年10月被英国BBC公司《全景》（*Panorama*）栏目所曝光，从此不断发酵。该节目名为《Gap和Nike，没有血汗的工厂？》，两家公司声称，它们从未压榨劳动力，雇用童工，可事实却远非如此。两家公司在柬埔寨设有加工厂，工作环境极其恶劣，有许多童工在此工作，最小的仅有12岁，他们没有休息日，被迫加班，还要遭受领导在身体和精神上的虐待。随后，公众强烈要求Gap、Nike等相关企业对其商业行为所带来的社会负面影响承担主要责任。

　　虽然大多数争议都集中于服装产业和石油工业，但这些丑闻对企业造成极其深刻的影响。强调企业社会责任的初衷是为了防止企业因过度追求个人利益而对社会造成太多不良影响，可现如今，情况已彻底翻转，所谓的社会责任成为企业进一步追求个人利益的工具和手段，表面上还号称为他人利益着想。企业丑闻出现后，社会责任成为提升企业声誉的工具以及减轻政府处罚的威胁。这里我们再一次看到企业参与到所谓"负责任"的行动中去，不过是为了加强自己的政治

权力,并通过一系列操作来削弱国家的权力。

因而,很多企业都积极拥护 CSR,避免自己的丑闻公之于众,与此同时,还要在全球经济中始终保持正直的光辉形象。CSR 也正是因为被许多企业用作提升公司形象的工具而备受指责。争论的焦点在于,社会责任本希望督促企业做好事,可如今,企业都利用它做一些表面文章,也从不在意道德或政治立场。

2001 年,安然公司因其传奇的诈骗丑闻而退出商界舞台,而在此之前,该公司曾大肆鼓吹自己的社会责任。公司治理专家约翰·罗伯特曾说:"真正有责任和希望自己看起来有责任是两个完全不同的概念。"罗伯特所表达的重点在于,虽然给企业施加经济和社会压力会让它们表面上看起来为他人利益着想,可本质上这会造成伦理敏感性及道德责任感的封闭。此外,这种封闭的不可靠性主要在于个人利益。如果道德行为要用结果来评判的话,那么企业社会责任最大的受益者当属企业本身。这里所谓企业认可责任"不过是一句空空的祝福,企业在实际行动中只会逃避责任"。

CEO 是慷慨的典范

CEO 声称他们自己的所作所为都是从社会利益的角度出发的,他们表面上做善事是为了成为以后的亿万富翁的楷模。但并无迹象表明通过做慈善可以缓解巨大的贫富不均，在评价承诺的价值与重要性时，沃伦·巴菲特对比自己年轻的签约方表示出无比的骄傲，他如是说道：

> 他们的价值抵得上10个我这么大，因为在当今时代，年轻人致富的速度会更快，他们可以向英雄前辈们学习，例如扎克伯格和布莱恩·切斯基。

CEO在一定程度上十分宽容，至少他们表现出来是这样的。从个体层面来讲，很难批评那些将大量个人财富用于慈善的富商以及积极拥护社会责任项目的企业。可跳出个体层次，情况则截然不同。企业社会责任和慈善主义更多的是在为极端的财富不公做社会辩护，却无法成为它的解药。在这里要指出的是，虽然慈善型资本主义不断承诺要为社会做更多的捐赠，可所谓的"黄金时代的慈善"也大大加剧了不平等现象。

乐施会在2017年的报告——《属于99%公民的经济》中详细阐述了这一问题。该报告强调：不断加剧的不平等会影响全球的公正环境及可持续发展。有一个简单的事实：自20世纪90年代早期起，全球最富裕的1%人口所赚的钱超过底层50%人口的收入。是什么导致了这一现象？乐施会的报告把矛头指向了企业以及全球市场经济。真实的数据让人瞠目结舌：全球十大最富有企业的营业总额超

过了180个最贫穷国家的GDP总量。看来企业社会责任并没有做出什么实质性的改变,该报告如是说:

> 企业所要服务的对象是富人,经济发展所带来的红利并不会惠及那些最有需要的人。为了给高管们分发更多的红利,企业便极尽所能地压榨工人和生产商,同时还想尽一切办法逃税,而税务本应惠及大众,特别是那些底层的穷苦人民。

无论是超级富豪的慈善,还是为社会服务的企业项目,都无法缓解这一趋势。扎克伯格豪掷300万美元,却并未对旧金山的住房危机起到什么作用。相反,多数财富都掌握在极少数人手中,他们通过继承、经商或是犯罪获得财富,最终遭殃的都是穷人。到头来,慈善资本主义的核心是资本主义,企业社会责任的焦点则变为企业,所有的善举都表明,这一体系其实是为富人服务的。社会学家林赛说道:之所以这样,是由于企业目标与慈善目标相互结合,这一新举措的特别之处并不在于富豪们也出来支持慈善事业,而是它的开放性蓄意地打破了公共利益和个人利益之间的差异,让个人财富的集中变得合情合理。人们可能会问:"企业慈善会增加公司效益吗?"如果答案是否定的,那必然会引发一番争论。

战略专家保罗·戈德非笃信,企业慈善可以带来商业效益,这背

后的逻辑却真实到近乎残忍:

1.企业做慈善可以在社区和股东中积累道德资本;

2.道德资本可以保护股东,就像保险一样,保护企业以关系为基础的不动产;

3.这些保护有助于股东积累财富。

没错,是道德资本! 在CEO社会,诸如此类的逻辑都像是霸王条款,并且要确保所有慷慨、对社会负责的活动都要在个人利益方面有所回报。在这里,并没有关于真正的热情、互惠互利和自我利益之间的争论。在CEO的逻辑里,财富积累过程中所造成的不公平应当由富人来解决,并且要用他们最终获利的方式去解决。新自由主义所做的最无节制的行为最终在道德上被合理化,这一切都是行为的发出者以及受益者行动的结果。财富的重新分配权也掌握在富人手中,而社会责任被那些为了一己私利而剥削人民的人所控制。

与此同时,不平等现象依然在加剧,企业和富人们都绞尽脑汁逃税,留下我们老百姓交税。以慷慨的名义,我们看到了一种新型的企业规则,创造了人类为满足个人利益而努力向前的新维度。

当今社会,CEO们不仅要做生意,还要掌控社会中的公共产品。最后,虽然在"捐赠的誓言"网站上会看到一大批自鸣得意的CEO,而真实的情况却是,社会中的不平等现象越来越严重了。

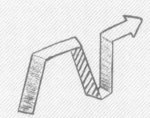

第 七 章

CEO 拯救世界的骗局

CEO社会持续不断地发展，丝毫不受经济、政治危机的影响。自由市场的承诺对于世界上大多数人来说已然是空头支票，可人们对CEO的盲目崇拜依然甚嚣尘上。人们心中依然有耀眼的梦想，认为成为CEO可以实现政治、经济和个人成就。如果失败，那一定是你本人不够优秀。在21世纪，只有足够果断、高效、创新甚至无情，才有可能成功，至少大多数人都是这样的。

CEO社会的这些特征是相关专家和受益者们公开承认的，并不需要遮遮掩掩或刻意地用一些微妙、很意识形态的话去解读。美国总统特朗普始终拒绝将自己的纳税申报向大众公示，其子埃里克·特朗普曾做出一番评论维护自己的父亲，该评论堪称经典。研究评论之前，我们有必要回顾一下当时的情形：特朗普2016年大选之时，纳税申报问题便反复出现。

值得注意的是,美国总统公开纳税申报的传统由来已久,自理查德·尼克松总统之后便开始了。40多年来,向公众公开信息已经成为一种惯例,这既能实现政治家的经济透明化,也可以间接证明他们的诚实。在大选期间,特朗普表示愿意公开个人收入状况,可他迟迟都不行动,推脱说税务仍在审计中。早在2016年5月,他声称,审计需要到大选之后才能完成。可同年9月,他表示除非希拉里公开,他才会照办。2017年1月,特朗普正式就职,当被问到民众是否想知晓他的纳税申报时,他表示:"这一仗我已经打赢了,反正我已经是总统啰,他们肯定不在意这些的。"

时间快进至2017年4月,面对群众施加的巨大压力,特朗普仍拒绝公开。他转战推特,回应称:"我可是赢得了大选啊!这对共和党来说很不可思议好嘛!你们居然又开始提纳税申报这种芝麻大的事情?"他的逻辑很简单:他是这场选举最后的赢家,公众要做的就是拥护他,为他庆祝,其他的都不关他的事!就在当月,特朗普之子埃里克·特朗普接受了佛罗里达州奥兰多市一家电台的采访,他的言论与其父亲的话如出一辙,甚至更胜一筹。他表示:

> 税收真的很可笑。它惩罚的,恰恰是世界上最勤劳、高产的公民,那些懒惰、乞讨的人反而丝毫不受影响。这根本就不公平!我们现行的税务系统,正在全力以赴地惩罚那些为社会做贡献、想要提高生活质量的劳动者,却要嘉奖那

些好吃懒做、给社会增加负担的人们。最糟糕的是,这样的体系自美国成立之日就出现了,并不是什么革命后的结果。抛开父亲的总统身份,他是数百万辛勤工作者中的一员,他凭借自身的努力取得成功,与此同时也是我国税务体系的受害者,真的太悲剧了!

在某种程度上,我们所知道的,不过是派克大街上含着银汤匙出生的人向收音机前的听众讲授勤奋的重要性,并强调财富不过是个人努力之后所获得的公平奖励。然而,讽刺的是,埃里克一语道破了CEO社会中"公正"的真正含义:富人之所以富,因为他们值得拥有财富;穷人之所以穷,因为他们懒惰,他们都是失败者!照此说来,向富人征税就类似于虐待社会中最优秀的人,这些人想把所有的财富都收入囊中。或许觉得说得不充分,埃里克还补充道,他的父亲将签署总统令,对于那些为国家经济做出突出贡献的人,要免税。这一举动是要满足他个人的需求吗?当然,在埃里克看来,这不是出于个人利益,相反,是造福那些有功之人的善举:

　　该指令的颁布实质上是对所有企业家、商人和其他辛勤劳动者的肯定和嘉奖。至于剩下的人嘛,当我们的经济开始偏向于那些勤劳奋进的人时,他们就得想点别的法子去讨口免费的午餐了。总之一句话,国家绝不养吃白食的人。我们的底线是,只要四肢健全、头脑清醒,你就应该自力更

生,快点行动起来吧!

埃里克只是在机械地模仿所谓CEO社会的核心思想:社会中的不公平都被辩护为自然、道德的现象,这一切都是勤奋和首创的结果。此外,像特朗普这些所谓的"大赢家",他们享受着无上的财富和权力,地位远在我们之上,因而不需要和我们遵守同样的规则。当然,如果是不曾拥有如此巨大财富的大多数人获得这一消息,那么他们会很听话和被动。在CEO社会,穷人之所以穷,不是因为他们被压榨和歧视,也不是因为他们没有机会,而是因为他们不够优秀!

我们需要了解的是,特朗普当选的那一年,恰逢巴拿马文件泄露事件发生。巴拿马莫萨克·冯赛卡律师事务所的千万份财务文件被公之于众。文件毫无疑问披露了一些企业和有钱人(包括商人和政治家)利用复杂而私密的财务安排尽可能地避税。和埃里克那种富家子弟的说教恰恰相反,上述行为并非通过努力来致富,而是通过偷奸耍滑、做一些违法的财务手脚来维持财富地位。我们不能忘记,在2016年,企业避税问题也是全球公众热议的核心话题。同年,苹果公司因在爱尔兰避税被欧盟处罚135亿欧元,这一处罚也显示出爱尔兰政府为获得投资和就业机会在税务方面给苹果开了很多绿灯。

所有对避税的辩论和维护都是CEO社会道德和诚信的试金石。这里反映出的是现代政治经济的根本矛盾。新自由主义因其所造成的危害而备受指责,包括不断加剧的不平等、经济贫困和欠发达等。这一情景反映出未来反乌托邦式的发展趋势:所有的人和事都会被商品化,会随意地遭受经济掠夺。然而,这种反乌托邦式趋势有其内在的补救方式,这便反映在CEO的拯救式形象中。当今的超级资本主义所处的意识形态越危险,其核心领导的吸引力越强。市场发展费力之时,正是CEO们崛起之日。这也正是埃里克想要表达的内容。

埃里克的父亲提出不透明的税收政策并非要隐藏些什么,相反,这恰恰表明他是最后的赢家,不应该再因税收言论而受到惩罚。他们的道德观为:"成功者理应拥有一切。"这种对资本主义领导的盲目崇拜所带来的影响是广泛而深刻的。因而,需要一种很奇怪的英雄主义式崇拜,它将市场确立为一种意识形态和身份的基础,虽然它展示出来的是本质上错误的、不平等的社会经济体系。此外,它将政治经济的想象空间限制在自由市场狭小、过时的解决方案中,不需要被恼人的社会制裁和法律规定所约束。现代历史最根本的矛盾之一就是,资本主义的问题只有资本家能够解决,也理应由他们解决。CEO式宗教中这种误导性的、死板的信仰会造成短期伤害和长期破坏。

行政式自由的威胁

自由市场的核心,是赋予每个个体追逐欲望和幸福的权利。它宣称,无论你出身于什么样的背景,未来的潜力都是无限的,像天空

一样没有边界：通过天资和努力就可以实现梦想。即使在现实中这种浮夸的梦想很难实现，也无法阻挡人们一往无前地去追求。

这是一种关于市场自由的文化幻想，它所代表的不仅是自由就业、创业和出售商品的能力；它是一种信仰，相信所有的事情只要自己足够努力就可以成功。无论是CEO、体育明星还是电影明星，他们都陷入了这个看似诱人的神话中。

人们想要寻求的个人解放实则是一种经济上不平等的情形，这反而加深了人们对所谓"自由"的向往，这太讽刺了。而新自由主义的出现则加强了这一愿望。随着经济焦虑的加深和经济差距的不断扩大，人们幻想着自己是完全有能力实现经济安全的，所以出现了一大批想要"经济自救"的人也就不奇怪了。

对CEO的盲目崇拜便反映出这一矛盾的幻想。CEO所代表的，是掌控市场的愿望，他们不甘于做一个打工者。在物资匮乏的年代，CEO代表的是掌控个人命运所具有的超强主观能动性。社会政策学家厄尔泽塞拜特·布克迪表示："如今的社会流动方向发生了显著变化。过去的40多年，自上而下开始越来越普遍了。"在这样的背景下，渴望获得CEO式自由不仅是痴心妄想，还很危险。社会学家弗兰克·多宾和Jiwook Jung通过分析在20世纪后期，超级资本主义式代理在经济上所扮演的毁灭性角色，发现CEO们所关注的，只是如何最大化地获取利润,这样的行为几乎将整个世界推到经济彻底毁灭的边缘。

更危险的是,这场危机造成毁灭性影响之后,执行机构在很长时间内依然会存在。"自由"的范畴被缩小至仅成为市场中的赢家即可。所有的事都被简化为知觉管理,展示出来的就是,一个人在掌控全局的同时还可以兼顾经济公平和环境可持续发展。

CEO无孔不入?

在经济发展的道路上,不能存在掉队拖后腿的人,这就是CEO社会的生存法则。少数胜利者尽享成功的果实之时,失败者只能甘愿认输。而做出"谁去谁留"这种艰难抉择的只是假想中的CEO。

美国歌手布鲁斯·斯普林斯汀1983年在歌曲《亚特兰大城》中唱道:"在这里,只有胜利者和失败者之分,要当心,千万别站错队哦。"但是在CEO社会的赌场资本主义中,越来越多的人因为社会中愈演愈烈的不公平而被推过了那条线。

除不公平之外,CEO式思维也跳出会议室,企图操纵更加广阔的世界。当然,全球化的扩张,其实是全球企业财富和权力的扩张。作为其中的一部分,金融已成为当代政治背后的推手,为政府负责的事务安排条款、提供条件,这已经不是什么秘密了。

这种国际规则的核心是行政理念,即市场理性和对财富的痴迷占主要地位,其余的社会和环境问题都要让步。企业和其所代表的价值观对社会的控制并不友好,虽然成功,却使人战栗,它撼动甚至重塑了现代心智最基础的根基。它不仅要攻占所有的企业和机构,还要定义我们是谁、要成为怎样的人。无论我们渴望什么,一直被强化的思想就是:只有按照商业化的成本效益分析才能实现梦想,即通过牺牲他人利益使个人收益最大化、损失最小化,我们要做自己生命的领导者!

CEO社会提供了新的生活方式的同时,也限制了我们的想象。就算再多的CEO道德败坏或者对社会不负责任,就算CEO社会对经济体系所产生的影响让人存疑,可这所代表的价值观依然被不断推崇。在CEO的意识形态中,只有资本主义的眼界和生活方式,他们就想用这种特殊形式的"智慧"引领现在、开创未来。CEO精神大力推动了人类的发展,也正因此,社会的进步浓缩为一系列的金融机遇,CEO形象代表了当今资本主义尤为深刻的问题。

一方面,它代表了现代体系中的问题,因为CEO在现实中的形象多与不道德和贪婪相互关联。另一方面,CEO被追捧为问题终结者和经济梦想家,仿佛他们能成功解决社会中所有的难题。按照这样的方法,组织理论家爱德华·沃里·布里斯表示:在现代商业文化中,特别是美国,CEO已经成为善良和邪恶的化身。在他看来,资本主义所带来的问题理应由资本家来解决。

这种历史状况的核心在于自由市场身份的逆转,从过去的经济问题解决者变为如今严峻问题的制造者。特别是在20世纪七八十年代,新自由主义最初引人注目的原因在于,它可以突破甚至转变战后经济停滞和文化萎靡的状况。新自由主义带人们走进了后官僚时代,可以把每一个个体从形式主义的枷锁中解放出来,进入有机且灵活多变的环境中。在美国的大环境下,共和党前国会议员、现任媒体评论员乔·斯卡伯勒谈及罗纳德·里根总统所留下的乐观和常识的遗产,他在《时代》杂志中写道:

> 聚集在费城的那批人为美国制定了新的发展路线,一条指向未来的道路。在这条路上,我们的国家遭受了残忍的奴隶制度、血腥的内战、混沌的经济大萧条和两次世界大战。可是美国人民强大的内心和坚定乐观的信念让整个国家不断向前。很多人像里根总统一样,始终坚信国家的未来是光明的,直到他们遭遇了六七十年代的动荡,国家的身份认同受到了质疑。

但是质疑必须被消除,同时里根总统所创造出的新希望不仅仅是因为理性而已,这是集体进步和个人成功的一个梦想,给整个社会带来希望,却也造成了恐慌。人们把赌注都压在了自由市场上。CEO在

社会中颇受大众欢迎,正因如此,会有越来越多的民众愿意拥护自由市场。CEO被吹捧为无所畏惧的领导者,覆手之间就可以改变一个产业的命运,能为企业创造效益,能为民众提供就业机会。如今CEO对政府所起的作用与二战后几十年间的情形相类似。美国和欧洲的自由民主力量不断增强,不断打造出一个更加平等和包容的社会。同样地,在20世纪后半叶,掌管民主力量的企业和金融巨擘承诺,要建立一个充满活力的精英式经济,让全社会民众实现共同富裕。

2008年的金融危机打破了新自由主义的承诺,不仅对现状造成了威胁,也让人对未来担忧。人们失去的不仅是房屋,更是对美好未来的企盼,美国前总统奥巴马2009年在对全世界的宣讲中阐述了经济危机中的恐惧与希望:

> 解决问题的答案并不是无处可寻,它存在于实验室、高校、田间地头、喧嚣的工厂中,还存在于我们对企业家的幻想中。我们要做的,是团结一致,勇敢面对挑战,承担起对未来的责任!

然而,我们非但没能看到经济大幅度的提升,反而不可避免地遭受了物质和环境上的破坏。人类学家詹姆斯·弗格森当时评论道:新自由主义已不再是社会经济繁荣的预言家,"它变为一系列高权益的公共政策,充实了一大批财富所有者"。我们拥有了经济繁荣吗?

非也，迎接我们的只有"不断加剧的不平等、不安全、公共服务缺失、穷人和工薪阶层的生活质量严重受挫"。新自由主义曾经耀武扬威地声称是"过去历史的终结"，如今却变为政治寡头垄断和经济衰退的噩梦一场，看起来也别无他选。

这种根深蒂固的不安全感之后，随之而来的是CEO复原的新危机。正如之前所说，这场危机唤起了人们对平稳时期的怀念。特朗普的竞选口号——"要让美国重新强大起来"出现的正当时，人们渴望回到团结、理想化的时代，安全和持续的社会进步是基本可以被保证的。由于新自由主义对政治、经济发展的限制，改革的潜在机会微乎其微。当然，自由市场的确让个别政治、经济领域的精英变得更加富足，却让剩余的穷苦人民做意识形态选择。因为别无他选，人们又将大的赌注压在CEO的权力和承诺上。这些企业领导不仅仅逃脱了有关金融危机的控诉，还一跃成为唯一能够拯救病态市场体系的人。当全球经济崩溃之后，CEO们又复活成为拯救没落资本主义秩序的形象。

为CEO冠名

我们能从新自由资本主义那里学到的是，成功的品牌对企业及其高管来说都至关重要。在竞争激烈的金融买卖市场中，名誉往往比现实更胜一筹。真正重要的并不是你是谁，而且在他人眼里你有多少价值。2008年金融危机之后，CEO们急需重塑自己的品牌形象。

CEO过去所树立的形象是残忍的奸商或冷酷无情的企业掌门人，如今这一形象在政治上并不可信，在文化上也不被接纳。新的商业巨擘要兼具社会责任感和道德责任感。

重塑品牌形象十分奏效！英国《卫报》的一条头条哀叹道："七年前，华尔街曾是反面角色，可如今却开始发号施令。"然而CEO的复出之路并没那么容易。显而易见的是，CEO过去的罪恶行径很难被忘记。甚至一些幻想类电影，如《大空头》，阐述了企业因贪婪而过度发展，最终酿成金融危机。企业逃税和行政违法行为几乎每周都会被曝光，这些事件足以让CEO们身败名裂。社会民众强烈呼吁CEO们为几乎遍及全球的经济衰退负责，毕竟这是他们一手造成的，美国就是一个典型的例子。这里有必要援引普利策奖获得者、金融记者杰西·艾辛格在《纽约时报》发表的一段话：

美国的金融发展史分为三个阶段：繁荣—萧条—制裁。1929年经济崩溃后，佩可拉听证会利用公众的愤怒将纽约证券交易所所长投入监狱。20世纪80年代的存贷款丑闻之后，包括多家已倒闭的大型银行的行长在内的1100人被起诉。在20世纪90年代，纳斯达克泡沫的爆破揭露了多家企业的财务丑闻。世界通信公司、安然集团、奎斯特通信公司和美国泰科公司的高管纷纷入狱。2008年的信贷危机远远盖过了之前的经济萧条，一场类似的经济崩溃即将来临。

给企业突然之间戴上正义的光环并非易事,同样的原则也适用于类似的发达国家和发展中国家经济体。企业是否能同时满足股东和公众的利益?这一问题很罕见地被认真提了出来,在重塑形象的过程中,有一个最根本却不易察觉的矛盾。市场本身所造成的问题如何能通过市场的方式解决?如果资本主义是病人,那资本家一定就是最好的医生吗?理性的人都会说"不",但我们回看2009年奥巴马在金融危机不久之后的讲话,他说道:"我们并没有用错药,病人的病情已经稳定了,仍有尚未痊愈的伤口,也随时会有紧急状况出现,但我相信我们已经做好了最妥当的准备。"并非每个人都赞同这种说法,以艰苦朴素为名的自由市场政策在美国和欧洲广泛地实施,而这些政策看起来更像是在阻碍经济复苏。CEO和其他精英们则兴奋不已地试图从政策中获得好处,只留下普通人受苦。

知名作家、激进分子娜奥米·克莱恩评论道:

> 我们要明白,大多数人其实都很痛苦。新自由主义政策下的放宽管制、私有化、艰苦朴素和企业贸易让他们的生活水平急剧下降。他们丢了工作,拿不到养老保险,还失去了国家安全网的保护,子女的未来也黯淡无光,甚至还比不上战战兢兢的现在。同时,达沃斯阶层①正在不断攀升,这是由银行家、技术大亨和政治领导人共同结成的超级联通网,

---

① 译注:指顶级成功人士的阶层。

他们欣然享受着各种利益,而促成此事的好莱坞明星们则看上去无与伦比的闪耀。成功就像是一场盛大的派对,而他们却不请自到,他们心里很清楚,伴随财富与权力而来的,一定是债台高筑和无能为力。

这反映出人们在21世纪最深刻和严重的焦虑。政策制定者手持资本主义工具,他们又怎能重新建立一个与自由市场无关的新社会呢? 问题的关键并不在于CEO们会继续左右世界经济的发展,且他们是唯一被人们所知的力量。让社会遭殃的行政式难题在于,他们被迫依赖于当权者的智慧来获得保护和自由。

CEO们不费吹灰之力就赢得了这场历史观念战争的胜利。自由市场在意识形态上打败了对手,这场胜利赫然耸现,仿佛预示着未来的失败。

CEO的魅力在于,他们所犯的实质性错误,都可以表现为实现个人成功和团体发展而具备的一种永恒的智慧。CEO们代表了西方文化的知识,趾高气扬地教我们如何实现目标,此时,幻想与现实便开始相互争斗。他们理想化的存在让梦想照进现实,让我们相信自己有能力掌控人生,将生活过成自己期待的模样。从社会层面来讲,这种思想让我们坚定信念,努力掌握共同命运的发展,而不是放任自流,任由所谓的"命运"摆布。CEO在感知功能上是上帝一般的存在。

从本质来讲,当中介供不应求时,CEO们就会成为中介的化身。

乔舒亚·罗斯曼曾在《纽约客》中说道:"如今遇到的挑战十分复杂,不能简单地把责任推给领导,可即便如此,我们还是倾向从危机和领导的角度来审视问题。"CEO不是万能药,起码在现在看来无法解决社会焦虑。带着这个目的,乔舒亚援引了来自西点军校英文教授伊丽莎白·萨米特的一段话:

> 领导层危机在21世纪初注定要发生。与其说我们生活在一个充满危机的世界,倒不如说这是一个把危机浪漫化的时代,总有源源不断的素材来满足24小时不分昼夜的新闻滚动、多样的信息流和持续不断的刺激。

萨米特进一步阐释道,恰恰是这种危机后病态的承诺让人晕头转向,将错误的预言、油腔滑调的恶棍和蛊惑民众的政客当成我们的救星。这些群体中,CEO便是最主要的力量。

本着这种精神,CEO成为这个世界中的神秘英雄,找一份工作便可证明你跨过了一条难以逾越的鸿沟。尽管他们有很多弱点,也经历了多次失败,可手中的权力依旧凌驾于我们之上,神圣不可侵犯。这些都是企业功能的一部分:通过歌颂企业和领导者来保护自己。CEO角色之所以有吸引力,是因为我们有机会体验卓越的权力,哪怕

只是一瞬间也足以让人心潮澎湃。

给 CEO 披上浪漫主义色彩的主要目的,是将这种战无不胜的理想化 CEO 形象渗入生活的困难中。当然,有些 CEO 贪污腐败,也有的两袖清风,还有人直接把牢底坐穿。例如安然前 CEO 杰夫·斯基林、世界通信公司前总裁伯纳德·艾博斯以及泰科前 CEO 丹尼斯·柯劳斯。即便如此,也没能削弱 CEO 所代表的高大上的生活信仰。CEO 们可能就像某些牧师一样,到头来被证实是罪人,但这反映出了他们的人性弱点,而非怀疑宗教的缘由。

诚然,始终保持神圣的是人们一如既往的信念,即理想化 CEO 以市场为驱动的技能、想法和实践是提高道德水平、物质条件的唯一道路。CEO 社会建立在超自然拯救的信仰之上,信徒过去获取力量的途径是让自己成为教条本身,而如今是要成为这些信条的典范。市场是充满邪恶诱惑的世界中的真理和佳音。正如传统的基督徒要坚守底线绝不触犯七宗罪一样,我们也要避免触碰市场之罪:低效、低产和低利润。偏离 CEO 正统教义就像一种亵渎,会使得 CEO 不言自明的真理和权力受到非难。很明显,高管们都被塑造成救世主的形象——是公司的救世主和新世界的预言家。这逐渐演变为更加深刻的市场原教旨主义①,赞颂了企业和 CEO。经济学家、诺贝尔奖获得者约瑟夫·斯蒂格列茨说道:

① 译注:也称原理主义,指严格遵循某种宗教或理论的基本原理的立场。

从历史的角度来看,在将近25年的时间内,流行于西方的宗教一直都是市场原教旨主义。我之所以称之为宗教,是因为它并非来源于经济学或史实,而是由英国的撒切尔夫人和美国的里根总统推销出来的。它参照了经济学中的一些旧观念,特别是亚当·斯密提出的"隐形的手"的概念,认为只有追求利益最大化的企业才能够一马当先,这只隐形的手会推动整个社会的福祉。

类似地,有一种根深蒂固的原教旨主义思想,坚信CEO是拯救社会的中坚力量,他们是以救世主的身份被派到地球的。CEO创造的不仅是企业奇迹,还有社会奇迹,优秀的CEO能让企业起死回生,让疲软的经济恢复活力。同样地,只要像他们那样努力,并找到正确的道路,我们也可以成为救世主。

现代人很容易对资本主义及CEO产生信心,即使是对自由市场存疑的人也是如此。并不只有基督徒才能接受基督教的洗礼。在基督教中,有一些故事看起来很不合常理,如:只有处女母亲的孩子才是神圣的。即使不相信这些故事,也不必抛弃那些符合道德智慧的金科玉律。同样地,"像CEO一样高效、高产、创新"的价值观很显然是有可取之处的,即使人们对现代资本主义有诸多道德或政治方面的批判。最关键的是要将这些CEO拯救的信息传播给需要的人。在这样一个自我救助的时代,这恐怕是最要紧的事了吧。基督教认为,

上帝只帮助那些自救的人,在 CEO 社会,我们也要尽最大的努力帮助自己。作为一种文化形象,CEO 帮助他人的方式是将他们带入一种正义的管理式的生活方式中去,并确保他们会尽职尽责地完成任务。

如果做不到,不仅会激起 CEO 的愤怒,他们虔诚的追随者也会遭到谴责。

不守信用

除去其他可能发生的错误,一种 CEO 式的心态也受到了广泛赞誉,因为它给了人们自由,并教会人们如何适应复杂、危险和令人气馁的生活。虽然 CEO 的存在造成了当今社会人与人之间的冷漠与隔离,但他们的智慧依然被追捧为灵丹妙药,可以帮助人们摆脱丧气的命运。如何成为现代社会的赢家已经成为神圣的智慧,它为尘世间的成功提供了神圣的钥匙,给人们指明了通往自由和繁荣的道路。

拥护 CEO 社会所带来的自由反映出人们现在愿意将命运掌握在自己的手中。但这带来的危险就是,有人会将 CEO 社会及其生活方式当作是人生的唯一选择。此外,这种接纳受到了社会不公正、个人有意为之的体系所造成的束缚。适当的抵抗是很有必要的,但一味地相信这种唯一的、极其有限的廉价自由形式,是目光短浅的表现。如乔治·奥威尔所预言的一样,这种自由很有可能是一种奴役,但现如今政府和企业都在大力地鼓吹这种自由。

CEO社会的状况反映出一个概念——不守信用，这一概念由法国存在主义哲学家让-保罗·萨特首次提出。不守信用是指人们不愿意去实现或追求彻底的自由，因为他们过度依附于目前占主导地位的身份。

目前，身份指的是区别于他人的判断，它代表了可以"不自由地自由"，这很矛盾。在预先裁定和狭隘的自我意识中，人们甘愿被束缚。同样地，唯命是从地奉献，妄想多变的现状可以永恒，结局只能是将自己困入牢笼。

CEO社会建立的基础是自由市场中的自由民主制。它拥有一种可怕的能力，能让我们为之陶醉，在新自由主义的"宏伟蓝图"中，有自由开放的市场和英雄盖世的CEO，如此便将社会中的可能性限制在资本主义和企业规则中。它同时传达了一种错误的信念，那就是，新自由主义是我们在经济、政治、社会方面能做出的唯一选择。

还有一个类似的不守信用的例子发生在2008年金融危机之后，CEO文化英雄的身份开始恢复。正如我们之前所讨论的一样，很明显CEO们已经被妖魔化了。这个群体因为贪婪和过失遭到了广泛的谴责。然而，自此之后，CEO的身份、能力和思维，仍被冠以英雄般的期待。

痴迷于成为和CEO一样的人有很多悲剧的意义。这种不守信用行为的明显标志——拒绝探索个人自由选择和阻止这种做法的外部因素——是试图彻底体现这种广泛流行的身份和意识形态。萨特观察过日常生活中的一个服务员,他致力于成为服务员中的典范。萨特写道:

> 假设这个服务员在咖啡厅工作。他身手敏捷,高度精准,动如脱兔;他脚步轻盈,三步两步就跨到了客人面前;他近乎讨好地朝客人热情颔首;他毕恭毕敬,唯恐侍奉不周,眼神和言语中的热情都要溢出来了。他回来了,走起来像机器一样僵硬,手里端着盘子像走钢丝的杂技演员一般左右摇晃,可他稍做调整,总能保持平衡。

类似地,CEO社会的自我管理功能完全建立在想要成为完美CEO的基础之上,至少终其一生都要朝着这个目标前进,毕竟做其他事情也不可能成功。这种超竞争的现状所反映出的唯一选择就是,像理想中商业巨头的生活思路一样:薄情寡义、锱铢必较,至少要按照他们的方式来做。依照CEO社会的思想,如果不这样做,就是放弃追求个人目标和理想。

到头来,CEO社会着实剥夺了我们的自由和个人选择。如果它成功了,那我们失去的将是自由民主的承诺。CEO社会所做的,塑造了社会中许多的领域,包括就业、政治、社区、家庭、慈善和教育。萨特曾预言:"CEO们已经失信于人,他们担心、他们害怕上帝会偏爱失信之人;没错,上帝更喜欢那些可怜人。"CEO上帝让我们无法在生活中做出其他选择,将欲望和道德标准都限制在管理主义和资本主义的世界观中。无论是赚钱还是保护环境,我们都要按照CEO的标准和价值观来进行。

CEO社会认为,存在主义自由指的是你是否有能力去代表或努力实现那些你曾经认为做不到的事。具体来说,就是成为和现在不一样的人,努力实现自我价值。对于21世纪的人来说,不难想象,他们最大的梦想就是有朝一日能成为CEO。生活中哪有那么多的"不",所谓的"不"也就是"不"能实现CEO理想的失落吧。这种生活方式有时或许会让我们感到舒适,可本质上却剥夺了我们的自由。所谓的商业领导人可以拯救一切,只是对大众的误导而已。虽然看上去像一场浪漫的际遇,可对CEO的盲目崇拜却会把人们带上一条不归路。它将CEO拯救世界这一不诚实的说法强加于我们。我们芸芸众生的生存和繁荣都要仰仗于这些救世主和他们的手下。

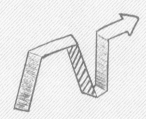

后　记

CEO 社会的高成本

CEO 社会的发展广泛而又坚定,却也不乏反对的声音。很多人开始质疑:像经商一样去治理国家,真的行得通吗？以女权运动为典型代表,全球范围内的很多游行活动都反对由企业高管领导的右翼民粹运动,同时也坚决反对鼓励这些运动的行政式价值观。

即使有民众的抵制,CEO 社会的势头依然强劲,威胁也从未消失。有一种持久的观念依然存在:企业家和商业巨擘是推动政治、经济、社会发展的中坚力量。纵然 CEO 五次三番地展示出他们道德上的瑕疵和腐败,也依旧如此。CEO 华丽的形象究竟何时会崩塌,我们不得而知,但是,想要成为全社会各个领域的掌门人依然是其不变的愿望。

对企业领导人的狂热和痴迷已经彻底颠覆了整个世界以及我们每一个人,使我们变成了那种刻板、斤斤计较、精于算计、价值至上、高效的 CEO 模样。迄今为止,对于很多人来说,借鉴关于 CEO 的神

秘知识有助于创造更加有利可图的经济、政治和生活。

如上所述，CEO 都是神秘的大咖，我们对其深信不疑。他们所拥有的知识和经验可以帮助我们拯救个人和集体。很显然，即使我们开始质疑自由市场的教义，可这绝不影响对英雄式 CEO 的尊敬。许多进步运动在全球范围内风起云涌，挑战着企业的统治和新自由主义的政治仆从。但 CEO 依然被误认为是社会进步的楷模，这着实令人烦恼。CEO 社会代表了晚期资本主义最基础和最让人惶恐的矛盾。

一个深刻的社会经济矛盾开始发挥作用。市场的文化存量曾一度暴跌，可人们依然寄希望于 CEO 去拯救他们，就像乔布斯拯救了苹果公司一样。可到头来，对 CEO 抱有的坚定信念正在缩短我们的现在甚至未来。成功化解全球变化多端的复杂现状不过是商人的一个幌子罢了。

它忽视了我们其实还有更多创新和开放的解决方式，企业高管的见解反而是空洞和目光短浅的。如此一来，经济发展和生态文明建设被埋下巨大的隐患。CEO 神话的复苏是自由市场存在的核心，也是全球民主社会衰败的主要原因。说到底，这场历史性的较量已经改变了现代社会各个领域的面貌，即便是过去的赢家恐怕也逃不开失败的命运。CEO 那种镀了金的胜利使得人们在社会中的选择余地特别狭窄,所提供的价值也十分有限,这是不可否认的。保持CEO的生存现状是要付出巨大代价的:过去屹立不倒的自由市场中,不平等和独裁主义不断发酵;现如今,残暴的资本家逻辑所带来的暴政使得人们的思想和行动受到限制。但CEO社会所招致的巨大代价却要我们每个人来承担。

　　本书是对管理原教旨主义的大胆质疑,并呼吁读者共同对其发起抵制。请将这种对企业的狂热限制在会议室和市场中,避免全球范围内对CEO及其象征意义的盲目崇拜。如今,这已经给建设民主、可持续发展的社会带来了毁灭性的打击,此书希望对此做出警示。本书更是高音号角,提醒我们要更加深刻地理解CEO社会的本质,它控制的不仅是整个世界,还包括其中的每一个人。总之,我们真诚地希望,能够将CEO社会从我们的集体想象中删除,以期建立更加进步、自由和民主的社会。